일상에서 만난 신앙

일상에서 만난 신앙

이호수 지음

하나님이 정말 존재한다면
만나기 원하는 이들에게

토기장이

차례

프롤로그

1　하나님과 동행하는 삶

광야의 역설: 고난에서 기회로	14
인생의 킹핀	19
스톡데일 패러독스	24
영적 자이로스코프	32
영혼의 와이퍼	36
영적 조감도	40
25kg 가방에 무엇을 담을까	45
부족함이 없습니다!	51
후쿠시마 대지진의 현장에서	55
넷플릭스의 '버림'의 경영에서 배우라	62
믿음의 번지점프	68
'에스더' 리더십	73

2   그리스도인답게 살아가기

팁에 담긴 사랑의 마음	80
잊힌 고마움, 한국 노아의 방주 작전	86
'여기고' 패러다임	94
'마하경영' 패러다임과 신앙	98
레알 그리스도인, 예수쟁이	103
소금이 그 맛을 잃으면	108
하나님 모습 보여 주기	112
모래시계의 교훈	117
오른손잡이가 바른손잡이인 사회	121
마이크로스트레스 탈피하기	128
생존 편향 오류	136

3   영적 성장의 모습

노예 해방과 영적 해방	146
파스칼의 내기 게임	151
천국을 향한 갈망	155
진정한 사랑은 의지와 인내다	160
아포가토, 단맛과 쓴맛의 조화	165
우리를 성장시키는 고통	168
불안에서 자유해지는 비결	173
영적 건강검진	178
'죄 관리 복음'을 넘어서	183
반사적 광영	188

4   거짓과 죄에 대해 민감해지기

악은 선에 기생한다	196
거짓말에 대한 탐구	202
진실의 가치가 존중받는 사회	209
악화가 양화를 밀어내다	215
죄를 크게 보는 전자현미경	219
악의 평범성	224
끊임없이 분출되는 죄의 권세	229
나도 너를 정죄하지 않는다	234

5 AI 시대, 너의 창조주를 기억하라

영적 피뢰침 되신 예수님	242
속 깊은 리더	245
최고의 조율사	250
하나님의 지문	255
마테라, 성서 영화의 메카	261
나는 우연히 생긴 존재가 아니다	267
하나님이 만드신 인간은 간단치 않다	272
AI는 차가운 기계일 뿐이다	277
완전 자율주행차의 갈 길은 멀다	282
신앙공동체에서 생성형 AI 활용하기	288

에필로그

프롤로그

지난 세월을 돌아보면, 바람이 세차게 부는 황량한 광야를 지나는 삶이었습니다. 고난이 적지 않았지만, 결국 약속과 희망으로 이어지는 광야였습니다. 삼십 대 후반에 하나님의 은혜로 그리스도인이 되었습니다. 나의 삶은 하나님을 알기 전과 후로 극명하게 나뉩니다.

하나님을 알기 전에는 홀로 광야를 걸어갔습니다. 헤매고 힘들었던 때가 많았습니다. 냇물 위에 떠있는 나뭇잎이 물살을 따라 떠내려가듯, 어디로 간다는 목표도 없이 세월을 따라 흘러갔습니다. 어디로 가고 있는지도 몰랐죠. 불안한 나날이 많았습니다.

광야에서 헤매던 어느 날, 하나님이 나를 만나 주시고 길잡이를 자청하셨습니다. 황량한 광야에서 길을 내주시고 네비게이션도 주셨습니다. 네비게이션에 도달해야 할 목적지도 찍어 주셨습니다. 나아가는 도중, 환경이 너무 거칠거나 지쳐 힘들어할 때는 안고 가셨습니다. 주께서 넘치도록 부어 주신 은혜는 세상의 언어로는 표현할 수 없습니다.

머리카락까지 세시는 하나님입니다. 세상의 모든 움직임에 하나님의 생각이 내재되어 있다고 믿습니다. 살아있는 신앙은 생활과 함께합니다. 일상생활에서 때때로 신앙에 관한 생각이 교차합니다. 신앙은 물론이고 사회, 직장, 가정, 개인에 관한 사건과 현상을 하나님 관점에서 보는 습관이 생겼습니다. 평범한 일상 중 경험한 크고 작은 사건들 속에서, 사람과의 만남에서, 하나님이 창조하신 자연을 접하면서, 책과 영화를 보면서, 설교를 들으면서 떠오르는 신앙에 대한 생각을 메모장에 옮기곤 했습니다. 특별한 것 같지도 않은 순간들이지만 나의 신앙을 되돌아볼 수 있는 소중한 기회였습니다.

신앙에 관한 글은 아무리 간단해도 결코 가볍지 않습니다. 듣기에도 부담스러운 신앙에 관한 단상집을 평신도가 출간하게 된 이유는 무엇일까요? 과거 어느 분이 건네준 50개의 카세트테이프에 담긴 "하나님을 모르는 사람을 위한" 성경 공부를 통해, 나는 비로소 하나님에 대해 눈을 뜨게 되었습니다. 최근 주위에 하나님이 있다면 알고 싶다고 말하는 분들이 적지 않습니다. 과거 하나님을 알기 전의 나를 떠올리게 됩니다. 하나님이 정말 존재한다면 만나고 싶다는 그들의 하소연을 들을 때는 많은 인내가 필요합니다. 나는 복음에 빚진 자이기 때문입니다. 그들의 하소연은 빚쟁이가 빚을 독촉하는 소리가 되어 나의 귀를 때립니다.

요즘 '기존' 그리스도인들을 위한 성경 공부 자료는 넘쳐

납니다. 책도 많고 유튜브도 많습니다. 하지만 하나님을 모르는 사람을 위한 미디어는 찾기가 매우 어렵습니다. 또 그러한 목적의 책이 있다고 해도 변증론, 신학, 유물론 등 어려운 주제가 뒤섞여 일반인의 접근이 쉽지 않습니다.

그런 이유로, 많이 부족하지만 내가 이해한 기독교의 '실루엣'을 그분들과 공유하면 하나님의 그림자라도 보는 데 도움이 되지 않을까 하는 생각에 이르렀습니다. 하지만 일생 공학과 경영관련 업무만 했을 뿐, 신학이나 목회 경험도 없는 평신도가 언감생심 신앙에 관한 생각을 책으로 펴낸다는 것이 가당치 않다는 생각이 들었습니다. 많이 머뭇거렸습니다.

어느 날 '일상에서 만난 신앙'에 대한 단상 몇 편을 지인들과 공유할 기회가 있었습니다. 그분들로부터 이 글들을 컴퓨터 파일로 묵혀 두지 말고 단상집으로 엮어 널리 공유하는 것이 어떻겠냐는 권유를 받았습니다. 얼마간의 망설임이 있었지만, 지인들과 아내의 격려에 힘입어 출판을 결심하게 되었습니다.

몇 편의 단상을 읽어 보시고, 이를 엮어 책으로 펴낼 것을 강권하시며 격려를 아끼지 않으신 이포넷의 이수정 대표님과 여러 지인분들께 감사를 드립니다. 이 책의 필요성과 소명 의식을 일깨워 주며 격려와 함께 용기를 북돋아 주었고, 중간중간 글의 리뷰를 해준 아내 소영, 그리고 멀리 외국에서 "Two Thumbs Up"으로 격려를 보내 준 두 딸 에이미와 올리비아에게 고맙다는 말을 전하고 싶습니다.

그분의 선하신 뜻에 따라 우리의 발걸음을 인도하시는 주님은, 신앙 수필을 써본 적이 없는 나에게 많은 용기와 지혜를 주셨습니다. 단상마다, 마치 누에가 섬세한 실을 끊임없이 뽑아내듯, 한 줄 한 줄 스토리를 뽑아 여백에 채워 주셨습니다. 복음에 빚진 자로서, 단상들 중 한 편, 한 단락이라도 하나님을 찾는 분들에게 도움이 되기를 소망합니다.

1. 하나님과 동행하는 삶

광야의 역설: 고난에서 기회로

광야나 사막을 가본 적이 있으신지요? 이스라엘 광야, 미국의 모하비 사막과 같은 곳 말입니다. 광야는 사람이 살기 어려운 사막, 황무지, 고원 등 척박한 불모 지역입니다. 광야에는 물과 먹을 것이 부족합니다. 작열하는 더위와 무서운 모래바람 등 수많은 위험이 도사리고 있습니다. 뱀과 전갈 등이 인간의 생명을 호시탐탐 노리는 곳이기도 합니다. 광야는 외로움, 고독, 어려움 심지어 죽음과 직면하는 곳입니다.

황량한 '광야'는 아이러니하게도 종종 성경의 주요 무대가 됩니다. 하나님은 사랑하는 자를 광야로 불러내십니다. 왜일까요? 광야에서 하나님을 만나고 그 하나님이 누구인지 깨닫게 함으로 결국 복을 주시려는 것입니다. 모세와 다윗은 인생의 전성기를 광야에서 보낸 대표적인 인물입니다.

하나님은 모세를 통해 이집트에서 430년 동안 종살이와 억압으로 신음하는 이스라엘 백성을 구출하시고자 했습니다. 이를 위해 하나님은 모세를 시나이 광야로 불러내시고 이스라엘 백성을 구출하라고 지시하셨습니다. 하지만 모세는 강대한 이집트를 상대할 만한 용기가 없었습니다. 두려웠습니다. 심지어는 "사막에서 양치기에 불과한 제가 도대체 누구라고 이집트 바로에게 간다는 말씀입니까? 좀 말이 되는 말씀을 하셔야지요"라고 불평했습니다. 그러자 하나님은 "내가 반드시 너와 함께 있으리라"라는 말로 모세에게 확신과 용기를 주셨습니다.

모세는 용기와 능력을 얻어 몇십만 명이 넘는 이스라엘 백성을 이집트에서 끌고 홍해를 건너 '시나이 광야'로 나왔습니다. 척박한 광야에서 굶주림과 목마름, 적들의 공격, 백성의 불평, 원망과 모함도 겪었습니다. 많은 사람이 죽었습니다. 이스라엘 백성은 40년을 광야에서 방황한 후, 약속의 땅 가나안에 들어갔습니다. 이스라엘 백성에게 광야는 남다른 의미가 있습니다. 선조들이 광야에서 보낸 체험과 기억은 오늘날에도 이스라엘 후손들에게 전해져 생생하게 살아 있습니다.

사울왕의 사위 다윗은 많은 전쟁에 나가 연전연승하여 인기가 하늘을 찔렀습니다. 사울왕은 질투와 시기심이 많았습니다. 그는 다윗을 죽이려고 했습니다. 사위인데도 말입니다. 다윗은 목숨을 건 필사적인 도피를 했습니다. 15년 동안이나 광야를 헤맸죠. 광야 생활은 고난과 시련의 연속이었습니다. 사울왕의 추격을 피해 동굴에 숨어 다녔고, 굶주림과 추위에 시달렸습니다. 죽음과 마주칠 때도 여러 번 있었습니다. 믿었던 주위 사람들은 하나둘씩 떠나갔습니다.

상황이 더욱 어려웠던 건, 이 고난이 언제 끝날지 모른다는 사실이었습니다. 하지만 광야 생활은 그의 인생에서 중요한 전환점이 되었습니다. 많은 어려움과 시련을 겪었지만, 하나님께서 자신을 보호하시고 인도해 주심을 체험하며, 하나님에 대한 신뢰를 더욱 깊이 키워나갔습니다. 광야에서 어려움을 견디며 인내와 겸손을 배웠습니다. 광야의 경험은 이후 다윗이 이스라엘의 위대한 왕으로 자리매김하는 데 초석이 되었습니다. 다윗은 광야에서 경험한 하나님과의 동행 스토리를 성경 시편에 녹여냈는데, 전체를 관통하는 메시지는 "여호와는 나의 목자시니 내가 부족함이 없다"입니다.

관점을 나로 돌려 보겠습니다. 나는 삶 자체가 광야라고 생각합니다. 광야의 속성인 황량함, 위험, 외로움, 불확실성 등이 우리 삶의 스펙트럼과 거의 일치하기 때문입니다. 그런데 광야를 지나가는 개인이 하기에 따라, 광야는 문제가 될 수도 있고 반대로 기회가 될 수도 있습니다. 광야를 지나며 쓰러지는 사람이 있는가 하면, 모세나 다윗처럼 승리하는 사람도 있으니까요.

나는 서른 살쯤에 미국으로 유학을 갔습니다. 공부를 마치고 뉴욕에 있는 IBM 연구소에서 20년을 보낸 후 한국에 돌아왔습니다. 또 20년이 흘렀습니다. 간혹 어느 분이 "미국과 한국에서 오래 생활하셨는데 어떠셨어요?"라고 물으면 서슴없이 대답합니다. "어디서나 광야 같은 삶"이었다고. 그러면 의아한 표정을 지으며 "왜요?"라고 묻습니다. 그 이유는 내가 살고 있는 공간에는 항상 어려움과 기회가 공존하기 때문입니다.

　광야에는 누가 닦아 놓은 길도 없고 신호등이나 방향과 거리를 가리키는 도로 표지판도 없습니다. 앞에 놓여 있는 가시덤불과 같은 도전을 어떻게든 헤치고 나가야 합니다. 건강과 물질이 있다고 해서 앞에 놓인 가시덤불이 없어지는 것은 아닙니다. 때로는 지뢰밭을 지나야 할 경우도 있습니다. 시시각각 변하는 외부 환경에 대응하며, 가시밭길과 지뢰를 피해 나아가야 합니다. 이스라엘 백성은 이집트 탈출 후 10여 일이면 들어갈 수 있는 기회의 땅 가나안을, 무려 40년간 광야에서 떠돌며 어려움과 아픔을 견딘 후에야 들어갈 수 있었습니다. 이것은 꼭 그들만의 광야 스토리가 아닐 수도 있습니다.

　모세나 다윗의 경우와 마찬가지로, 나를 광야로 불러내신 분은 하나님입니다. 표류하던 광야의 삶에서 하나님을 만났습니다. 삼십 대 후반이었습니다. 지금도 광야를 걷고 있습니다. 광야는 하나도 달라진 것이 없습니다. 예나 지금이나 황량하고 위험한 건 마찬가지입니다. 하지만 이제는 표류하거나 두려워하지 않습니다. 왜냐하면 하나님이 길도 닦아 놓으셨고,

네비게이션도 주셨고, 도달해야 할 목적지도 찍어 주셨으니까요. 이젠 하나님이 광야에 만들어 놓으신 길과 도로 표지판을 따라, 네비에 찍어 주신 목적지를 향해 나아가기만 하면 됩니다. 예수님이 말씀하신 "내가 곧 길이요 진리요 생명이니…"에 의지해 광야 위에 난 길을 믿고 따라가면 진리와 생명이 반갑게 기다리고 있습니다.

하나님은 사랑하는 자를 광야로 불러내십니다. 동행하기를 원하십니다. 광야는 우리를 사랑하시는 하나님을 만날 수 있는 기회의 땅입니다.

인생의 킹핀

볼링bowling 게임을 해본 적 있으세요? 볼링은 구멍이 뚫린 큰 공을 손가락으로 잡은 후, 나무 바닥에 굴려 레인 끝 삼각형 모양 안에 서 있는 10개의 핀을 넘어뜨리는 게임입니다. 한두 번의 공 굴림으로 많은 핀을 쓰러뜨릴수록 높은 점수를 받습니다.

볼러bowler(공을 치는 사람)가 볼 때 제일 앞에 보이는 핀을 '헤드핀'이라고 부르며 1번이 부여됩니다. 그 뒤로 왼쪽에서부터 오른쪽 방향으로 번호가 매겨져 두 번째 줄은 2, 3, 세 번째 줄은 4, 5, 6, 그리고 네 번째 줄은 7, 8, 9, 10번이 부여됩니다. 공을 굴려 한 번에 10개 핀을 모두 쓰러뜨리는 것을 '스트라이크'라고 합니다. 볼링공으로 10개 핀 모두를 '직접' 맞춰 스트라이크를 얻는 것은 불가능합니다. 그래서 핀들끼리 서로 부딪혀 최대한 많은 핀들이 쓰러지도록 해야 합니다.

스트라이크를 치려면 제일 앞에 보이는 1번 헤드핀을 공략해선 어렵습니다. 볼이 1번과 3번 사이를 밀치고 들어가, 셋째 줄 가운데 서 있는 5번 핀을 맞춰야 합니다. 5번 핀은 다른 핀보다 크기가 작고 뒤쪽에 위치해 있어 잘 보이지 않습니다. 하지만 일단 5번 핀을 맞춰 쓰러뜨리면, 그 충격으로 인해 나머지 핀들도 연쇄적으로 쓰러지게 됩니다. 즉 다른 핀을 넘어뜨리기 위한 급소 핀에 해당되는 것이죠. 이처럼 핀 하나의 공략으로 모든 핀을 쓰러뜨려 스트라이크를 가능하게 하는 5번 핀을 '킹핀'이라고 부릅니다.

볼링의 킹핀은 중요한 교훈을 줍니다. 진정한 성공을 위해서는 눈에 잘 띄는 단기적 목표가 아닌 핵심에 집중해야 한다는 것입니다. 핵심을 모르면 아무리 열심히 해도 성과를 내지 못합니다. 중요한 핵심을 알면 문제를 쉽게 풀 수 있습니다. 말하자면, 볼링에서 5번 핀입니다. 실제 예를 들어 보겠습니다.

아마존 밀림에서는 나무를 벌목한 다음 이들을 강물에 띄워서 하류로 보내는 작업을 합니다. 물을 따라 잘 흘러가다가, 강폭이 좁아지고 굴곡이 생기는 지점에서 나무들이 서로 뒤엉켜 떠내려가지 못하고 꽉 막히는 경우가 있습니다. 마치 출근길 차로 꽉 막힌 도로처럼. 이른바 '로그잼log jam'입니다('로그'는 통나무, '잼'은 엉켜 있다는 뜻). 사방이 꽉 막힌 듯한 난감한 상황입니다. 그러나 경험이 풍부한 벌목공들은 로그잼의 해결책을 알고 있습니다. 뒤엉켜 있는 나무 중에서 엉키게 만드는 원인이 되는 나무 하나만 건드려 주면 서로 뒤엉켜 있던 나무들이 풀려 다시 순조롭게 흘러가게 됩니다. 아마존의 밀림에서 뒤엉킨 나무들을 움직이게 하는 단 하나의 나무, 바로 '킹핀'입니다. 어느 나무가 킹핀인지 찾아낼 수 있는 사람이 프로입니다.

사람들은 위기 상황을 맞게 되면, "문제의 본질이 무엇인가"에 집중하기보다는 당면한 '현상'에만 집중하는 경향이 있습니다. 본질이 아닌 표면적으로 보이는 위기 상황을 해결하기 위한 임시방편 찾기에 골몰합니다. 눈에 보이는 현상이 아니라, 본질을 알아야만 위기 상황을 효과적으로 극복할 수 있습니다. 킹핀 전략은 문제 본질의 이해에서 비롯된 단순화와 핵심에 집중하는 것입니다. 복잡하게 보이는 현상을 단순화시켜 핵심을 파악하여 이를 공략하는 것입니다. 이 접근 방법은 일상생활뿐 아니라 비즈니스의 세계에도 똑같이 적용됩니다. 처음에는 핵심이 잘 안 보일 수 있습니다. 볼링에서의 5번 핀이나 아마존강에서의 킹핀 나무처럼. 하지만 오랜 경험을 쌓은 프로에게는 남들이 보지 못하는 킹핀을 찾아내는 안목이 생기는 것입니다.

어떤 분이 한탄 조로 "이것도 안 되고 저것도 안 된다"는 말을 연거푸 쏟아내셨습니다. 시작과 끝나는 말이 같았습니다. "답이 없다"였습니다. 사실 답이 없는 것이 아니라, 당장 해결되지 않으니까 답이 없는 것처럼 느껴질 뿐인데 말입니다. 인생에서 모든 것이 꼬여 뒤틀리는 순간이 있습니다. 우리는 이러한 복잡한 문제를 해결하기 위해 몸부림칩니다. 마치 초보 볼러가 10개 핀을 모두 맞춰 쓰러뜨리기 위해 고심하는 것처럼. 바로 그때 인생의 킹핀을 찾아야 합니다.

인생은 광야의 여정입니다. 거기서 우리는 때때로 유혹과 어려움에 직면합니다. 유혹은 우리를 넘어뜨리고, 어려움은 우리를 좌절시키며 절망하게 만듭니다. 어려움과 절망에서 벗어나기 위해 사람들은 재물, 인맥, 권력, 건강, 쾌락 등 세상의 것들에 기대어 해결하려고 발버둥 칩니다. 하지만 재물은 손에 쥔 모래알처럼 스르르 빠져나가 사라지고, 인맥은 내가 어려워지면 안개처럼 사라지고, 권력은 벚꽃이 지듯 한순간에 스러지며, 건강은 세월에는 속수무책이며, 쾌락은 우리를 쓰러뜨릴 기회만 엿보고 있습니다. 일시적인 위안에 그칠 뿐, 아무것도 아닌 겁니다.

성경은 하나님을 경외하는 것이 세상을 사는 지혜의 근본이라고 말합니다. 하나님에 대한 믿음과 경외심이 인생의 갖가지 어려운 문제를 푸는 해결책이라는 의미입니다. 하나님에게 집중하는 것은 우리에게 어려움을 넘어서는 데 필요한 통찰력과 지혜를 제공하는 대체 불가능한 '인생의 킹핀'입니다. 왜냐고요? 하나님은 우리가 부딪치는 모든 어려움을 알고 계실 뿐 아니라, 해결하는 방법도 모두 알고 계시기 때문입니다.

나에게도 하나님이 인생의 킹핀이 되셨습니다. 나는 과거에 세상적인 지식과 사람을 킹핀으로 삼으려 했습니다. 하지만 이러한 것들은 임시방편일 뿐 근본적인 해결책이 되지 못했습니다. 어떤 때는 오히려 더 큰 좌절과 실망을 안겨 주었습니다. 그러나 하나님을 킹핀으로 삼으면서 삶이 확연히 달라졌습니다. 킹핀이신 하나님께서 인도하시는 길을 따라갈 때 세상을 뛰어넘는 지혜로 어려움을 해결할 수 있었습니다.

여러분 인생의 킹핀은 무엇입니까?

스톡데일 패러독스

인생 최악의 역경 상황에서, 우리는 어떻게 희망을 잃지 않고 목적지를 향해 나아갈 수 있을까요? 이 글에 하나의 답을 담았습니다.

'스톡데일 패러독스Stockdale Paradox'라는 말이 있습니다. 미국의 '제임스 스톡데일James Stockdale' 제독이 베트남 전쟁 포로로 잡혀 있을 때 경험한 것을 요약한 인생 철학입니다. "항상 최종 결과가 좋을 것이라는 희망을 가져라. 하지만 현실의 어려움을 직시하고 현실에 맞는 행동을 해야 한다"라는 두 원칙을 기반으로 한 것입니다. 어려운 현실을 냉정하게 받아들이면서도, 다른 한편으로는 최종 승리에 대한 흔들림 없는 믿음을 가지고 냉혹한 현실을 이겨내야 한다는 것입니다. 왜 패러독스라고 부르냐고요? 언뜻 상호 모순인 것처럼 들리는 두 원칙을 내포하고 있어서 패러독스라고 부릅니다. 보통은 그냥

"결과가 좋을 것이라는 희망을 가지고 살아라"라고 하지만, 스톡데일은 현실도 직시해야 한다고 말합니다.

스톡데일 제독은 죽음의 문턱을 넘나드는 극한의 역경을 믿음으로 견디면서 승리한 사람입니다. 그는 베트남 전쟁 당시 미국 해군 중장이자 전투기 비행사로 근무했습니다. 1965년 항공모함에서 출격해 북베트남에서 비행 임무 수행 중 적의 사격으로 격추되어 북베트남 군에 잡혀 포로가 되었습니다. 북베트남에 수감된 미군 포로 중 최고위 해군 장교였습니다. 그 후 8년 동안 '하노이 힐튼'과 '알카트라즈'라는 닉네임이 붙은 악명 높은 포로수용소에 수감되었습니다. 감내하기 어려운 고통과 불확실성에 직면했습니다. 다리에 심한 부상을 입었지만 치료받지도 못했고, 20번이 넘는 가혹한 고문으로 다리가 두 번이나 부러지기도 했습니다. 그는 0.9×2.7m 크기의 창문 없는 콘크리트 독방에 투옥되었습니다. 감시를 위해 24시간 전구가 켜져 있었습니다. 매일 밤 발에 철제 족쇄를 채웠습니다. 그런 혹독한 환경에서 어떻게 살아남을 수 있을까요? 많은 포로들이 감옥에서 죽었지만 스톡데일은 살아남았습니다. 뿐만 아니라, 나중에 석방되었을 때 그는 정신적으로 건강한 상태로 미국으로 돌아왔습니다.

그는 미군 포로들의 조직적 저항을 이끈 인물 중 한 명이었습니다. 동료 포로들을 위해 고문, 비밀 통신 및 행동에 관해 도움이 될 만한 가이드라인을 만들어 제공하기도 했습니다.

수용소 내 통솔 책임을 맡아 포로들 간의 의사소통 시스템을 만들어 포로들을 선전에 이용하려는 적의 시도에 맞서 싸웠습니다. 동료 포로들이 부상 없이 살아남을 수 있도록 많은 노력을 했습니다. 또 서로를 격려하고 신뢰를 유지하기 위해 의사소통의 방법과 고문에 견디는 방법도 개발했습니다.

스톡데일은 현실을 직시하는 것이 무엇보다 중요하다고 생각했습니다. 포로로 잡혀있는 상황을 있는 그대로 받아들이고, 어떤 상황이든 극복하기 위해 노력해야 한다고 생각했습니다. 아울러 미래에 대한 희망을 가지며, 언젠가는 자유를 찾을 것이라는 희망을 가지고 있어야 한다고 생각했습니다. 스톡데일은 포로 생활을 견뎌냈고, 드디어 1973년 베트남에서 풀려났습니다. 전쟁 영웅으로 해군 역사상 조종사 기장과 의회 명예훈장을 동시에 받는 최초의 3성 장군이 됐습니다.

'스톡데일 패러독스'라는 용어가 어떻게 생겼을까요? '스톡데일 패러독스'는 미국의 저명한 경영 컨설턴트인 '짐 콜린스Jim Collins'가 2001년 출간한 책 「좋은 기업을 넘어 위대한 기업으로Good to Great」에서 처음 사용한 용어입니다. 콜린스에 의하면, 모든 위대한 기업은 스톡데일이 최악의 포로수용소에서 행한 것과 같은 전략을 적용했다고 합니다. 냉혹한 현실을 받아들이면서도 최후 승리에 대한 강인한 희망을 잃지 않는, 일견 모순처럼 들리는 이 전략을 짐 콜린스는 '스톡데일 패러독스'라고 명명했습니다.

콜린스는 스톡데일의 패러독스가 기업에게 중요한 이유는, 희망과 현실주의라는 모순으로 보이는 두 가지가 균형을 맞추도록 하기 때문이라고 주장합니다. 기업은 결국 성공할 수 있다는 희망을 가져야 하는데, 이는 어려운 상황에서도 계속 나아갈 수 있는 동기를 부여합니다. 반면에 기업은 직면한 도전 과제에 대해서도 현실적이어야 하는데, 이러한 현실주의는 성공 가능성을 위태롭게 할 수 있는 어리석은 결정을 내리는 것을 피하는 데 도움이 된다고 말했습니다.

스톡데일은 포로수용소에서 가장 먼저 사망한 사람들은 대부분 평소 비관적이었거나 희망을 가지지 못한 사람들이라고 했습니다. 다음은 단순한 낙관주의자들이었다고 합니다. 짐 콜린스는 스톡데일과 베트남 포로수용소에서의 경험에 대해 나눈 대화를 들려주었습니다.

"어려운 포로 생활을 견뎌내지 못한 사람들은 누구였습니까?"

"아, 낙관주의자들입니다."

"낙관주의자? 그건 이해가 안 되는데요."

"낙관주의자들입니다. 그들은 '크리스마스에는 수용소를 나갈 수 있을 거야'라고 말한 사람들이었습니다. 그러다가 크리스마스가 오고 그냥 지나갑니다. 그러면 그들은 '내년 부활절까지는 나갈 수 있을 거야'라고 말합니다. 부활절이 왔지만 그냥 지나갑니다. 다음에는 가을 추수감사절, 그리고 다시 크리스마스를 고대합니다. 그러다가 그들은 상한 마음으로 죽습니다."

특정 날짜까지 수용소를 나갈 수 있다고 지나치게 낙관하거나 현재 상황의 심각성을 과소평가하는 수감자들이 기다림에 지치고 시련을 통과하지 못하는 경향이 많았던 것입니다. 스톡데일이 택했던 패러다임은 '단순 낙관주의'가 아닌 '현실적 낙관주의'였습니다. 즉 막연히 기다리고만 있어서는 안 되고, 꿈과 희망을 가지고 냉정한 현실에 근거한 준비를 해야 살아 나갈 수 있다는 것입니다. 스톡데일처럼 냉정한 현실 감각과 희망을 가지고 노력했던 부류의 사람들이 대부분 살아남았다는 것입니다.

어느 때나 많은 사람들이 역경 속에 살아갑니다. 2000년 전에 사도 바울은 극심한 고통을 겪었습니다. 옥에 갇히는 것은 기본이고 수많은 매질을 당하고 여러 번이나 죽을 뻔했습니다. 바울은 하나님을 잘 믿으면 만사형통하고 모든 것이 잘 풀릴 것이라고 말하는 단순 낙관론자가 아닙니다. 바울은 현실 상황이 매우 우울하고 어렵다는 것을 인정하지만, 하나님께서 자신을 끝까지 지켜주실 것이라는 믿음을 가진 현실적 낙관론자였습니다.

스톡데일은 베트남에서 전쟁 포로 생활을 하는 동안 기독교 신앙으로 고난과 도전을 이겨냈습니다. 8년 동안의 긴 포로 생활 동안, 그의 신앙이 내면의 힘과 회복력의 원천이 되었습니다. 포로에서 풀려난 후에도, 스톡데일은 전쟁과 투옥의 도전에서 살아남는 데 도움이 되었던 기독교 신앙의 역할에 대해 공개적으로 언급했습니다. 자신의 신앙 공동체에서 활동적이었고, 전쟁 포로로서의 경험을 공유하면서 리더십과 회복력, 그리고 삶의 가장 어두운 순간에도 강한 목적의식과 희망을 유지하는 것이 중요하다고 말했습니다.

세상을 살아가는 것은 쉽지 않습니다. 역경이 있고 고통이 동반됩니다. 궁극적으로 죽음의 두려움이 항상 우리 앞에 있습니다. 고통의 정도가 크게 차이가 나기는 하지만, 스톡데일이 베트남 감옥에서 전쟁 포로로 잡혀 있을 때와 본질적으로 그다지 다르지 않습니다.

그리스도인은 하나님의 계획에 대한 흔들리지 않는 믿음과 하나님의 궁극적인 승리에 대한 확신을 가지며, 모든 일을 하나님이 통치하신다는 것을 믿습니다. 포로수용소에서와 같은 견디기 힘든 고난의 시간을 지내면서 포기하고 싶은 유혹을 느낄 때, 우리는 하나님께서 우리와 함께 계시며, 붙들어 굳세게 하시며, 결코 버리지 않으신다는 약속을 믿고 의지합니다. "두려워하지 말라 내가 너와 함께함이라 놀라지 말라 나는 네 하나님이 됨이라 내가 너를 굳세게 하리라 참으로 너를 도와주리라 참으로 나의 의로운 오른손으로 너를 붙들리라"(사 41:10).

스톡데일은 신실한 그리스도인이었고 믿음의 사람이었습

니다. 그의 신앙은 일상 행동에서 분명하게 드러났습니다. 연민과 용서의 마음으로 행동했으며 평화와 화해를 강력하게 옹호했습니다. 자신의 신앙이 베트남 전쟁 포로시절에도 결코 희망을 포기하지 않는 힘을 주었다고 말했습니다. 또한 신앙은 전쟁 후에 정신적으로 건강하고 평안을 유지하는 데 큰 도움이 되었다고 말했습니다.

다음은 그의 기독교 신앙을 잘 보여 주는 인용문입니다. "나는 결코 희망을 버리지 않았고, 가족과 친구들과 재회하는 나의 목표를 잃지도 않았습니다. 그리고 나는 미국이 결국 전쟁에서 승리할 것이라는 믿음을 결코 포기하지 않았습니다. 저는 하나님께서 우리 각자를 위한 계획을 갖고 계시며 우리의 상황이 아무리 어려워 보여도 결코 우리를 버리지 않으실 것이라고 믿습니다." 또한 그는 "하나님에 대한 믿음은 나에게 감옥의 고난을 견딜 수 있는 힘을 주었고 또한 미래에 대한 희망도 주었습니다"라고 말했습니다.

그는 영적 전쟁을 포함하여 그의 고통과 관련된 요인들을 정직하게 바라보는 동시에, 예수님이 허락하신 자유와 승리에 대한 절대적인 믿음을 유지했습니다. 베트남 전쟁 시기에 많은 사람들이 미국 정부의 정책에 대해 비판적인 반전 운동을 펼쳤습니다. 하지만 스톡데일은 생사를 넘나드는 혹독한 포로 생활 중에서도 미국의 비효율적인 전쟁 수행에 대해 비난하는 데 에너지를 소비하지 않았습니다. 또 자신을 체포하고 고문한 적들의 잔인함을 비난하거나 자기 연민에 빠지지도 않았습니다. 결국 스톡데일은 살아남았고, 불의에 저항하며 다른 사람들을 돕는 데 에너지를 집중했습니다. 스톡데일은 우리가 인생에서 어디에 가치를 두고 에너지를 집중해야 하는지를 알려 주는 귀중한 교훈을 남겼습니다.

영적 자이로스코프

종종 TV에서 중계되는 로켓 발사 장면을 보며 마음을 졸입니다. 꼬리에 하얀 흔적을 남기며 수직으로 상승하는 모습은 정말 장관이죠. 한편 그 길쭉한 로켓이 혹시 옆으로 쓰러지면 어쩌나 하는 걱정이 생기기도 합니다. 하지만 로켓은 똑바로 올라갑니다. 신기하지 않나요?

로켓 엔진은 아래를 향해 연료를 연소시켜 엄청난 추진력을 만들어냅니다. 이 힘은 로켓의 무게를 극복하고 중력을 이겨내면서 로켓을 상공으로 올려 보냅니다. 하지만 로켓이 상승하는 동안 대기 저항, 바람, 추진체 불균형, 단계 분리에 따른 영향 등 내외부 요인에 의해 궤도가 흔들릴 수 있습니다. 이러한 요인들을 극복하고 궤도를 안정화시켜 목적한 대로 상승하게 하려면 로켓 내부에 여러 장치가 필요합니다. 그중에서도 가장 중요한 장치는 '자이로스코프Gyroscope'입니다. 이 장치는 로켓의 자세를 정밀하게 제어하여, 상승 중에 로켓이 옆으로 쓰러지지 않고 안정적으로 목적한 궤도로 올라가게 합니다. 이 장치에는 회전하는 디스크나 바퀴가 포함되어 있습니다. 로켓이 발사되면 자이로스코프 안의 회전체가 고속으로 회전하게 됩니다.

자이로스코프의 작동 원리는 '자이로스코프 효과Gyroscopic Effect'를 기반으로 합니다. 회전체가 빠르게 회전할 때, 그 회전축은 외부 힘에 대해 강한 저항력을 가지며 방향을 유지하려는 특성을 보입니다. 한 예로 자전거 작동을 통해 자이로스코프 효과가 무엇인지 알아보겠습니다.

자전거가 직진할 때 안정적으로 유지되는 이유 중 하나는 자이로스코프 효과 덕분입니다. 자전거의 바퀴는 돌면서 자이로스코프 효과를 만들어냅니다. 자이로스코프 효과는 회전하는 물체가 자세를 유지하려는 성질을 말합니다. 즉 바퀴가 빠르게 돌면 그 회전축을 움직이지 않으려고 하는 물리적 특성이 생깁니다. 예를 들어, 자전거를 탈 때 바퀴가 빠르게 회전하면 자전거가 넘어지지 않고 똑바로 가려고 하지요. 이는 바퀴가 도는 동안 그 방향을 유지하려는 힘이 생기기 때문입니다. 그래서 자전거는 달릴 때 잘 넘어지지 않고 안정적으로 달릴 수 있는 것입니다.

회전체의 속도가 빠를수록 회전체가 안정성이 있습니다. 예컨대, 자전거가 아주 빠른 속도로 움직일 때는 자이로스코프 효과가 강해져 자전거가 더 안정적으로 직진하게 됩니다. 반면에, 자전거가 천천히 움직일 때는 자이로스코프 효과가 약해져 자전거가 쉽게 기울어지거나 넘어질 수 있습니다.

자전거뿐만 아니라 김연아 선수 같은 피겨 스케이터들이 빠른 속도로 몸을 회전할 때도 자이로스코프 효과가 적용됩니다. 즉 피겨 스케이터가 빠르게 회전할 때, 회전축인 몸이 외부 힘에 대해 방향을 유지하려는 성질이 생깁니다. 이로 인해 스케이터는 빠르게 회전하면서도 몸의 회전축을 일정하게 유지하며 안정적으로 회전할 수 있습니다. 회전 속도가 빠를수록 이 효과는 더 강해지기 때문에, 피겨 스케이터가 빠르게 회전할 때 더 안정적으로 회전할 수 있게 되는 것입니다.

지상 발사대를 출발한 로켓은 상승하면서 내외적 요인으로 방향성과 안정성에 변화가 생길 수 있습니다. 그리스도인의 삶도 마찬가지입니다. 인생이라는 광야를 걷다 보면, 세찬 바람에 나무가 갈피를 못 잡고 흔들리듯 다양한 염려와 세상의 어려움에 흔들려 방향을 잃기 쉽습니다.

로켓은 자이로스코프 덕분에 불안정한 환경에서도 목표한 궤도를 따라 정확하게 비행할 수 있습니다. 그렇다면 인간의 흔들림은 누가 잡아 주고 제어할까요? 인간 스스로 가능할까요? 혹은 긍정적인 사고, 명상과 심리치료 등이 인간의 흔들림을 잡아 줄까요? 이러한 접근 방법들이 인간의 마음을 일시적으로 다스리거나 기분을 좋게 하는 데 도움을 주는 미봉책은 될 수 있겠지만, 근본적인 치료책은 아닙니다.

    자이로스코프가 로켓의 방향을 올바르게 유지하도록 돕는 것처럼, 하나님은 인생의 여정에서 죄와 유혹에 흔들리는 그분의 자녀들에게, 믿음과 구원이라는 강력한 수단을 통해 정신적, 영적 안정감을 주시며, 올바른 방향으로 인도하십니다.

    하나님과 자이로스코프 모두 물리적으로는 보이지 않지만, 그 존재는 각각의 영역에서 절대적인 역할을 합니다. 자전거 바퀴가 빠르게 돌면 자이로스코프 효과가 강해져 자전거가 더 안정적으로 움직이는 것처럼, 그리스도인도 기도와 말씀을 통해 하나님과 더 자주 만나면 영적으로 더 안정되고 확고한 방향을 유지하게 될 것입니다.

    우리의 영적 자이로스코프이신 하나님께서 우리가 인생이라는 광야를 지나는 동안에도 흔들림 없이 지켜주셔서, 그 날에는 영원한 목적지로 인도해 주실 것을 소망합니다.

영혼의 와이퍼

차를 운전할 때 비가 내리면 빗방울과 먼지로 전면 유리창의 시야가 흐려집니다. 우리는 바로 '와이퍼'를 작동시킵니다. 와이퍼가 좌우로 움직일 때마다 빗방울과 먼지를 없애 줘 앞이 잘 보입니다. 우리의 영혼에도 불순물이 많이 쌓여 있습니다. 우리도 영적 시야를 확보하기 위해, 영혼에 잔뜩 끼어 있는 불순물을 없애 주는 '영혼의 와이퍼'가 필요하지 않을까요?

사람 몸에는 불순물과 노폐물을 제거하는 필터링 기능이 있습니다. 몸에 나쁜 것을 없애 주는 '몸의 와이퍼'라고 부를 수 있겠지요. 주로 신장, 간, 폐가 이 기능을 담당합니다. 신장은 요소, 요산과 같은 노폐물을 걸러내 혈액을 깨끗하게 하며, 간은 독소를 분해해 제거합니다. 폐는 혈액에서 이산화탄소를 제거합니다.

우리의 영혼에 쌓인 불순물들은 내면을 어둡고 더럽게 만듭니다. 때로는 자존감을 훼손시키고, 올바른 삶을 살 수 없도록 합니다. '몸의 와이퍼'에서 더 나아가, 우리 심신 전체를 지배하는 영혼의 깨끗함을 유지하기 위해 '영혼의 와이퍼'가 작동해야 합니다.

비가 와서 전면 유리창의 시야가 상당히 흐린데도 와이퍼를 켜지 않고 그냥 운전하는 사람을 종종 봅니다. 마찬가지로 영혼의 와이퍼가 망가진 채 팽개쳐 놓거나, 제대로 사용하지 않고 있는 사람들이 있습니다. 자기의 영적 상태를 돌아보는 것이 두려워 애써 외면하고 싶은 것일 수도 있습니다. 유사한 예가 있습니다. 예전에 10년 이상 계속된 과도한 음주 때문에 몸이 망가져 여러 곳의 통증을 호소하는 분이 있었습니다. 주위에서 병원에 가서 건강검진을 받아 보라고 권유했습니다. 본인은 병원 가기를 거부했습니다. 병원에 가서 검진을 받으면 너무 많은 병이 확인될 것이 두렵다는 이유였습니다. 결국 그분은 오래지 않아 세상을 떠났습니다.

병원에서 건강검진을 하듯 영적 상태를 돌아보지 않으면 우리는 자신의 영혼이 죄로 인해 얼마나 더럽고 탁해졌는지 알지 못한 채 하루하루 살아갑니다. 더 나아가 무슨 목적으로, 무엇을 향해, 어디로 가고 있는지를 볼 수 있는 영적인 눈도 시력을 잃고 맙니다.

영혼의 불순물로 인해 나타나는 나쁜 행실은 방탕과 음란,

시기와 절도, 분노와 다툼, 우상숭배 등이 있습니다. 우리의 몸과 영혼을 갉아먹습니다. 나쁜 행실을 자제하려고 마음먹지만 그때뿐입니다. 스스로 원하지 않는데도 우리 몸과 영혼에 뿌리 깊게 배인 나쁜 행실을 되풀이하게 됩니다. 왜냐하면 죄로 인해 몸과 영혼에 자리 잡은 불순물이 찰거머리처럼 달라붙어 있으면서 악한 행실을 하도록 지속적으로 유혹하기 때문입니다. 이는 결국 하나님과의 소통을 가로막아, 우리를 향한 하나님의 뜻과 사랑을 알 수 없도록 합니다. 죄가 얼마나 끈질길까요?

노아의 대홍수를 생각해 보겠습니다. 세상에 우상숭배와 죄악이 만연하자 하나님은 세상을 쓸어버리고자 하셨습니다. 노아는 하나님의 지시에 순종해서 방주를 만들고 동물들과 가족들을 태워서 홍수에서 구원받았습니다. 그의 경고를 무시하던 다른 모든 사람은 대홍수에 죽고 말았습니다. 그러면 노아 대홍수 이후 지구상에서 죄가 없어졌을까요? 아닙니다. 죄로 인한 악이 창궐해 하나님이 대홍수로 심판하셨지만, 죄는 사라지지 않고 노아의 가족에 의해 이어져 지금도 여전히 활동하고 있습니다. 그만큼 죄는 끈질깁니다.

신장에서 피의 불순물을 계속 걸러내야 건강한 몸을 유지할 수 있듯이, 영혼의 불순물을 지속적으로 제거해야 나쁜 행실이 사라집니다. 이를 위해 어떤 이들은 긍정적인 마인드셋 가지기, 명상과 심리치료 등의 내적 치유 과정을 통해 자아를 개선하려 합니다. 하지만 이러한 접근 방법은 일시적으로 우리의 기분을 '업'시키거나 마음을 다스리는 데 도움이 될 수 있지만 근본적인 치료책은 아닙니다. 마치 폐렴 환자를 치료하려면 다른 항생제가 아닌 페니실린을 사용해야 하는 것과 같습니다. 영혼에 끼인 불순물은 명상 등의 방법이 아니라, 신실한 믿음을 통해서만 제거될 수 있습니다.

신앙은 '영혼의 와이퍼'가 되어 우리의 영혼을 청결하게 하고 올바른 길로 인도합니다. 믿음을 통해 우리의 죄가 용서받았다는 사실을 알게 되며, 하나님의 사랑을 경험하게 됩니다. 우리를 죄책감과 두려움으로부터 자유롭게 하며, 풍성한 삶을 영위할 수 있도록 합니다.

내 영혼에 굳은비가 내릴 때, 영혼의 와이퍼가 잘 작동해서 탁 트인 영적 시야가 유지되기를 원합니다. 평소에 말씀과 기도로 내 영혼의 와이퍼를 잘 정비해야겠다는 생각을 해봅니다.

영적 조감도

넷플릭스가 만든 〈우리가 볼 수 없는 모든 빛All the Light We Cannot See〉이라는 드라마가 있습니다. 2015년 퓰리처상 수상작, 60주 연속 뉴욕 타임스 베스트셀러였던 '앤서니 도어Anthony Doerr'의 소설을 넷플릭스에서 영화화해 2023년 공개한 미국 드라마입니다.

드라마는 세계 2차 대전의 포화에 휘말린 소녀와 소년의 삶을 따라가면서 기구한 운명을 그려냈습니다. 한 명은 나치가 점령한 프랑스에 있는 눈먼 소녀 '마리로르 르블랑'이었고, 다른 한 명은 나치 군대에 의해 징집된 독일 고아 소년이었습니다. 이들은 세계 대전이라는 참혹한 상황에 맞닥뜨린 후 정의가 무엇인지, 삶에서 반드시 지켜나가야 할 것은 무엇인지 선택해야만 하는 시험대에 끊임없이 오릅니다.

마리로르는 어릴 때 시력을 잃었습니다. 역사박물관에 근무하는 아버지와 함께 파리에 살았습니다. 이 영화에서 특별히 나의 눈길을 끈 것은 아버지가 만든 도시의 조감도였습니다. 앞을 못 보는 딸을 위해 나무를 깎아 파리 건물들의 미니어처를 만들어 큰 테이블 위에 배치해 조감도를 만들어 준 것입니다. 그리고 아버지는 마리로르에게 그 조감도의 건물 하나하나를 손으로 만져 익히게 합니다. 이 건물은 무엇이고 저 건물은 무엇이고, 또 이 건물로 가서 오른쪽으로 돌면 어떤 거리와 건물이 나타나고 하는 등의 훈련을 합니다. 아래는 조감도 앞에 서서 아버지와 딸이 나눈 대화입니다.

아버지: 기억해, 이건 우리 집이고. 좋아 왼쪽으로 가렴. 그리고 오른쪽으로 가는데 차가 다니니까 멈춰야 해. 그다음 건너서 계속 가. 공원이 나올 때까지.

마리로르: 무슨 공원이요?

아버지: 내가 엄마한테 청혼했던 공원이지.

…

아버지: 이제 너 혼자 할 수 있는지 보자. 내게 전달할 중요한 메시지를 갖고 파리에 너 혼자 있는 거야. 그 메시지를 가지고 박물관에 있는 나를 찾아와야 해. 나를 어떻게 찾아올래?

마리로르: 집을 나가 우선 오른쪽으로 돈 다음 앞으로 계속 가요. 아니 틀렸어요. 왼쪽으로 돌아와서 계속 가요. 건널목에서 멈춰요.

아버지: 그렇지. 그다음 어떻게 하지?

마리로르: 계속 걸어가고 또 걸어가요. 박물관에 도착할 때까지.

아버지의 눈물 어린 정성과 노력 끝에, 드디어 마리로르는 시각장애인용 지팡이만을 가지고 혼자 파리 시내에 나가서 원하는 장소나 건물에 찾아갈 수 있게 됩니다.

그러다 독일군이 파리를 점령하자, 아버지와 마리로르는 영국을 바라보고 있는 해안가 도시인 생말로라는 곳으로 피신했습니다. 생말로에 와서도 아버지는 마리로르를 위해 생말로의 조감도를 나무로 만들어 주었습니다. 쉽지 않은 작업이었지요. 생말로에는 많은 독일 군인들이 점령하고 있었습니다. 또 프랑스 레지스탕스의 활동을 탐지하기 위해 나치 비밀경찰이 감시의 눈초리를 부릅뜨고 있었습니다. 이런 상황에서 아버지가 시내에 나가서 자유롭게 움직이기는 어려운 노릇이었습니다. 그런데도 조감도를 만들어 주기 위해 아버지는 매일 생말로 시내로 나가 건물의 모습을 살펴보았습니다. 또 걸음걸이 수로 건물과 건물 사이의 길이를 측정해 생말로 시가지에 있는 모든 건물과 도로의 모형을 만들어 생말로의 축소 조감도를 완벽하게 재현했습니다. 파리에서 했던 것처럼 생말로에서도 아버지는 조감도를 이용해 마리로르가 시각장애인용 지팡이만을 가지고 혼자 시내에 나가서 원하는 장소에 찾아갈 수 있도록 훈련시켰습니다.

마리로르는 프랑스 레지스탕스의 일원이 되어 밤마다 라디오로 소소한 소식을 띄우고, 무슨 의미인지 모르는 숫자를 부르고 음악을 틉니다. 그중에는 생말로 도시를 공격하는 연합군 폭격기에 어디를 폭격하라는 정보도 포함되어 있습니다. 제2차 세계 대전이 진행 중이던 1944년 8월경 연합군의 폭격으로 생말로가 완전히 파괴되었습니다. 단 한 집만 폭격을 피했습니다. 바로 마리로르가 살고 있는 집이었습니다.

이 스토리는 우리에게 귀중한 교훈을 줍니다. 인간은 아담이 죄를 범한 이후 영적 시각장애인이 되었습니다. 마리로르같이 말입니다. 그녀가 세상을 볼 수 없는 것처럼, 인간이 하나님의 뜻을 이해할 수 있는 능력을 상실한 것입니다. 마리로르의 아버지는 엄청난 노력을 기울여 생말로 도시의 축소 조감도를 만들었습니다. 이 조감도는 도시의 물리적 구조를 나타내는 단순한 것이 아니라, 딸에게 세상을 이해하고 탐험하는 방법을 가르치는 교육적 도구였습니다. 마리로르는 이 조감도를 통해 길을 찾고, 방향을 잡고, 더 넓은 세상과의 관계를 이해하게 되었습니다.

미리로르 아버지가 만든 조감도는 기독교에서 성경의 기능과 유사합니다. 성경은 단순히 과거 역사 이스라엘 이야기나 교훈을 담고 있는 책이 아니라, 그리스도인에게 삶의 방향을 제시하고 올바른 길을 안내하는 영적 조감도입니다. 죄로 인해 영적 시각장애인이 된 인간은 성경을 통해 영적 시력을 회복할 수 있습니다. 성경은 우리에게 영적 눈을 뜨게 하고, 세상을 하나님의 관점으로 볼 수 있도록 인도합니다. "내가 길이요 진리요 생명"이라고 하신 하나님의 말씀을 통해서 우리가 어떻게 살아야 할지를 자세하게 가르쳐 주셨습니다.

마리로르가 아버지로부터 배운 생말로 시가지에 대한 방향 감각으로 시내 어디든지 갈 수 있었던 것처럼, 우리도 하나님이 성경을 통해서 주신 교훈과 지혜를 가지고 죄와 유혹이 넘치는 세상에서도 좌절하거나 넘어지지 않고 넉넉히 살아갈 수 있게 되었습니다.

하나님이 여러분을 위해 특별히 만들어 주신 영적 조감도를 가지고 계십니까?

25kg 가방에 무엇을 담을까

2019년 북한에서 귀순해 온 두 어부를 포승줄로 묶고 눈을 가린 채 북한에 넘겨주어 죽음으로 내몰았던 기억이 생생합니다. 2020년에는 대한민국 해경 공무원이 북한군에 의해 피살, 소각되는 사건이 발생했습니다. 국가 권력이 무력한 개인을 죽음에 이르도록 무자비한 폭력을 가했거나 방조한 반인륜적 범죄입니다. 선진국 문턱에 들어섰다는 한국에서 발생한 사건이었습니다. 역사는 이런 일이 예나 지금이나 일어날 수 있다고 말하고 있습니다. 사람의 내부에 똬리를 튼 폭력적 악이 하는 거니까요.

'스티븐 스필버그Steven Spielberg'가 제작한 제2차 세계대전 홀로코스트 다큐멘터리 영화 〈마지막 날들The Last Days〉이 떠오릅니다. 1999년 71회 아카데미 다큐 부문 수상작이지요.

제2차 세계대전에는 두 개의 전쟁이 존재했습니다. 하나는 국가 간의 군사적 전쟁이었고, 또 하나는 나치친위대SS가 유대인을 상대로 벌인 반인륜적 전쟁이었습니다. 나치 독일의 여러 나라 점령 과정에서, 유럽 유대인들은 인권을 박탈당하고 강제 거주지역에 억류됐으며 결국 강제수용소로 끌려가 살해됐습니다. 1944년 말쯤이면 히틀러는 이미 국가 간의 전쟁에서 나치가 패배하리라는 것을 어렴풋이 알았을 것입니다. 하지만 유대인을 상대로 벌인 전쟁에서는 패배할 수 없다는 생각으로, 1945년 5월 전쟁 패망 때까지 유대인 말살 정책을 더욱 광적으로 밀어붙였습니다. 독일의 패전이 거의 확실해진 1944년 말 이후, 유럽에 남아있던 유대인 인구가 제일 많았던 곳이 헝가리였습니다. 그래서 전쟁 말기에 헝가리 유대인이 살상의 주요 타깃이 되었습니다.

이 다큐멘터리는 대전 마지막 해인 1945년 나치 수용소에서 살아남은 다섯 생존자들의 생생한 증언을 통해 홀로코스트의 참혹함을 깊이 있게 다루고 있습니다. 사업가, 화가, 정치인, 화목한 가정을 꾸린 할머니, 교사로 일하고 있는 다섯 생존자가 홀로코스트의 잔혹함을 기억하며, 생과 사를 넘나들며 겪은 참상을 '지금과 그때now and then' 방식으로 담담하게 영상에 담았습니다.

전쟁은 죄로 타락한 인간의 본성이 적나라하게 드러나는 무대입니다. 홀로코스트는 인간이 인간 생명의 존엄성에 관한 신념을 망각했을 때 일어나는 잔혹함의 정점이라고 볼 수 있습니다. 헝가리인의 어두운 국민성이 전쟁으로 인해 적나라하게 표출되어 드러난 것입니다. 한 예는 나치주의를 추종하여 생겨난 헝가리 나치 정당인 '화살십자당Arrow Cross'입니다. 바로 어제까지 같이 놀고 지내던 이웃이고 친구였던 그들이 갑자기 돌변해 유대인에게 나치보다 더 혐오스럽고 두려운 존재가 되었습니다.

한 생존자가 말했습니다. "사람들은 우리에게 '왜 아무것도 하지 않았는가?'라고 물었습니다. 우리는 도망치지 않았고 숨지도 않았습니다. 글쎄요, 모든 일이 한 번에 일어난 것이 아니라 아주 천천히 일어났으니까, 뭘 할 생각을 하지 않았던 겁니다." 유대인들의 행동을 제한하는 새로운 법이 나올 때마다 그들은 "글쎄, 뭐가 또 나왔네요. 뭐 이것도 곧 지나가겠지요"라고 대수롭지 않게 생각했습니다. 그러나 유대인들은 모두 노란 육각형의 다윗별을 가슴에 달고 밖에 나가야 한다는 새로운 법령이 공포되었을 때 비로소 고민이 시작되었다고 말했습니다. "하지만 그때는 너무 늦었죠!"

"유대인은 사냥 당하는 짐승에 지나지 않았어요." 이 다큐에 등장하는 '톰 랜토스Tom Lantos'의 말입니다. 헝가리 유대인인 그는 아우슈비츠 수용소에 끌려갔지만 극적으로 생존했습니다. 그의 인생의 구심점은 '인권'이었습니다. 전쟁 후, 랜토스는 미국으로 건너가 캘리포니아주 하원 의원에 9번이나 당선되어 봉사한 후, 미국 의회에 '톰 랜토스 인권위원회'라는 기구를 만들었습니다. 전 세계적으로 활동하는 인권 감시단체입니다. 이 기구는 앞에서 언급한 탈북 어부 강제 북송과 서해 해경 공무원 피격사건에 대해 정권의 반인륜적 행태를 강하게 비판한 바 있습니다. 국가 공권력에 의한 이 두 사건은 비록 규모는 작지만 성격상 나치에서 여러 형태로 자행된 인권 말살과 그 궤를 같이합니다. 또 누구도 책임지려 하지 않는다는 점도 유사합니다. 전체주의 국가에서 아무 생각 없이 상부에서 시키는 대로 악행을 저지르고 이에 대한 책임은 회피하는 이른바 '악의 평범성' 현상입니다. 나치 치하에서도 그랬고, 북에서 귀순해 온 두 어부를 북한에 넘겨주어 죽음에 이르게 한 범죄자들도 증거 자료를 파기하고 상부에서 지시하는 대로 수행했을 뿐이라는 변명으로 일관했습니다. 히틀러에 저항했던 독일 신학자 '디트리히 본회퍼' 목사의 말은 우리가 해야 할 일을 깨우쳐 줍니다.

"악을 보고도 침묵하는 게 악이다."

"미친 운전자가 행인들을 치고 질주할 때 목사는 사상자의 장례를 돌보는 것보다는 핸들을 뺏어야 한다."

생존자의 증언 중 눈길을 끄는 대목이 있습니다. 나치친위대가 유대인들을 죽음의 아우슈비츠 수용소로 보내기 위해 유대인 집에 갑자기 들이닥쳤습니다. 30분 안에 가져가야 할 물건을 최대 25kg 내에서 챙기라고 지시했습니다. 25kg이면 조금 큰 여행가방 정도입니다.

"25kg 가방에 무엇을 넣을까?" 이 짧은 시간 동안 무엇을 챙겨야 할지 고민했습니다. 단순히 물건을 골라 담는 것이 아니라 자신의 삶에서 가장 소중한 모든 것을 담아야 했습니다. 소중히 여겼던 보물과 기념품, 가족사진, 성경, 옷가지, 인형, 좋은 추억이 묻어 있는 물건, 식량 등을 한정된 무게 안에서 선택해야 했습니다. 25kg이라는 무게 제한은 그들에게 큰 딜레마를 안겨 주었습니다. "무엇이 중한디?"의 문제니까요. 당시 19세였던 그 여성 생존자는 아버지가 출장 갔다가 사오신 예쁜 꽃무늬가 있는 수영복을 챙겼답니다.

수용소로 끌려간 유대인들은 종교적 신념과 정체성을 상징하는 성경, 탈무드, 기도서, 기도용 숄 등을 가장 많이 챙겼다고 합니다. 그다음이 가족사진, 돈, 귀중품, 의약품이었고요. 그들이 가져간 물건들은 그들의 삶과 희망을 상징하는 마지막 흔적이었습니다. 사실 이 물건들도 강제수용소에 도착하면 바로 압수당했습니다. 그리고 발가벗긴 채 독가스실로 끌려가 죽음을 맞이한 후, 바로 옆 화장터에서 한 줌의 재가 됩니다. 결국 그들이 가지고 갈 수 있는 것은 25kg이 아니라 아무것도 없었습니다.

우리는 삶의 바쁜 흐름 속에서 죽음을 잊곤 합니다. 하지만 죽음은 누구에게나 찾아옵니다. 죽음을 앞두고 무엇이 소중할까를 고민하는 것은 그 당시 유대인들에게만 해당되는 일이 아닙니다. 살아가면서 물질적 소유를 위해 죽을힘을 다했는데, 죽음 후를 위해서는 어떤 노력을 하셨는지요? 우리가 죽음 앞에서 가장 소중히 여겨야 하는 것은 무엇일까요? 25kg 가방에 들어갈 물건은 물론 아니겠지요. 그것은 죽음을 지워 버릴 구원과 영원한 생명의 확신 아닐까요?

부족함이 없습니다!

성경에서 나의 최애 구절은 시편 23편 1절 "여호와는 나의 목자시니 내게 부족함이 없으리로다"입니다. 시편 23편은 고대 이스라엘의 다윗왕이 하나님을 목자로, 자신을 양으로 비유하며 하나님에 대한 그의 믿음을 고백한 시입니다. 하나님을 믿고 의지할 때 그분이 우리의 모든 필요를 채워 주심으로 진정한 만족을 얻을 수 있다는 무한 신뢰의 표현입니다. 이 짧은 시편 한 구절은 내 영혼에 깊은 울림을 주며 삶을 변화시켰습니다.

"많은 것을 가지고 있다"와 "부족한 것이 없다"는 언뜻 비슷해 보이나, 실제로는 완전히 다릅니다. 첫 번째 문구는 양과 외부에 보이는 것에 대한 표현인 반면, 두 번째 문구는 질과 내면에서 느끼는 것에 대한 표현입니다.

"많은 것을 가지고 있다"는 재물이나 경제적 가치가 높은 무형 자산을 많이 소유하고 있다는 뜻입니다. 세상적인 눈으로 보면 우리 주위에는 멋지고 소유하고 싶은 것들이 많이 있습니다. 호화 주택과 승용차, 화려한 옷과 보석 등 이른바 명품과 같은 것이 포함될 수 있을 것입니다. 또한 지위나 권세와 같은 무형의 것들도 포함될 수 있습니다.

"나는 많은 것을 가지고 있다"라는 물질주의적 사고를 가진 사람의 생활은 대부분 많은 것을 얻고 소유하는 데 초점이 맞춰져 있습니다. 많은 것을 가지고 있지만 여전히 부족하다고 느껴 더 많은 재물 또는 더 높은 지위를 원할 수 있습니다. 부자에게서 만족하다는 말을 듣기는 힘들다고 합니다. 그들의 삶에 만족과 행복이 넘칠까요? 16세기 종교개혁자인 '장 칼뱅Jean Calvin'은 그의 책 「그리스도인을 살다 A Little Book on the Christian Life」에서 말합니다. "우리의 정욕은 맹렬하고 우리의 탐욕은 끝이 없어 권력과 명예를 좇고 재물을 쌓으려 한다. 자신을 위대하고 영광스럽게 만들어 줄 것만 같은 헛된 것을 모은다." 우리 주위에서 흔하게 볼 수 있는 모습입니다.

그런데 자기가 많은 것을 가지고 있다고 생각하고 있는 사람들 중, 항상 뭔가 부족하고 마음이 공허하다고 느끼는 사람이 많은 이유는 무엇일까요? 하나님은 사람에게 영원을 사모하는 마음을 주셨고(전 3:11), 따라서 사람은 영원한 것으로만 만족할 뿐 세상 물질이나 땅의 헛된 것으로는 절대로 채워지지 않기 때문입니다. "부족한 것이 없다"는 것은 많이 가졌다는 것이 아니라, 자신이 현재 가진 것에 만족한다는 뜻이죠. 이런 사람은 자신이 가진 것에 대한 감사와 만족에 초점을 맞추고 있으므로 영적으로 풍요할 것입니다. 또한 세상의 소유를 삶의 목적으로 삼으려는 유혹과 집착에서 벗어날 수 있을 것입니다.

앞의 두 문구의 차이는 사람들이 어려운 상황에 반응하는 방식에서도 드러납니다. '가진 것이 많은' 사람은 일이 뜻대로 되지 않을 때 쉽게 불평하는 경향이 있습니다. 특정한 무엇에 대한 권리가 있다고 생각하고, 그것을 얻지 못하면 종종 허탈함과 분노를 표출합니다. 반면에 '부족한 것이 없는' 사람은 어려운 상황에서도 긍정적이며, 뿌리가 깊은 나무처럼 쉽게 흔들리지 않습니다. 또 탄력성 있는 용수철처럼 강한 회복력을 통해 어려움을 겪은 후에도 금방 원래의 상태로 돌아가거나 더 나은 상태로 발전할 수 있습니다.

모든 것을 소유했다 하더라도 하나님 없는 인간의 삶은 필연적으로 공허합니다. 하나님이 아닌 다른 무언가에서 만족을 얻으려고 추구하면, 인간은 광야의 회오리바람처럼 방황하게 됩니다. 한때 잠시 만족을 얻은 것 같지만, 그 만족은 아침에 피는 안개와 같이 곧 사라지고 맙니다. 마음이 공허한 사람은 외부로부터의 '인정'에 목말라 있습니다. 우리는 남에게 인정받기 위해 밖으로 보이는 피상적인 것을 중시하는 사회에서 살고 있습니다. 그래서 사치와 허영심에 빠지기 쉽습니다. '많은 물질을 가진 것'에 지나치게 집착하면, 과도한 스트레스와 우울증이 생겨 마치 약물 중독과 다름없는 생활 패턴에 빠질 가능성이 매우 높습니다.

　우리의 만족은 하나님의 인정으로부터 비롯됩니다. 따라서 하나님과의 관계에 집중할 때 우리는 가진 것에 만족하는 법을 배울 수 있습니다. 많은 것을 가지고 있으면서도 무언가 부족하다고 느낄 수 있고, 아주 적은 것을 가지고 있으면서도 마음이 부유할 수 있습니다. 어떤 마음가짐을 채택할 것인지는 각자의 선택입니다. 다윗은 후자를 택했습니다. 그는 많은 부나 권력보다, 자신이 하나님 품 안에 있다는 사실에 만족하면서 다음과 같이 고백했습니다. "나는 … 나에게 과분한 일이나 내가 감당할 수 없는 일을 생각하지 않습니다. 오히려 내 마음이 고요하고 평온하니 젖 뗀 아기가 자기 어머니 품에 고요히 누워 있는 것 같습니다"(시 131:1-2, 현대인의성경).

　감사는 행복의 근원입니다. 하나님께 인정을 받은 사람은 작은 것에도 기뻐하고 범사에 감사할 수 있습니다. 일상생활에서 가진 것에 만족하고 감사하면 다윗처럼 "내게 부족한 것이 없다"는 느낌이 가슴을 푸근하게 채울 것입니다.

후쿠시마 대지진의 현장에서

　　　　　　　　　　자연 재해는 인간의 연약함을 일깨워 줌으로써 인간을 겸손하게 만드는 묘한 능력을 가지고 있습니다. 우리가 밟고 있는 땅 밑 깊은 곳에서부터 뿌리째 흔들리는 지진은 예측하기 어렵고 매우 파괴적입니다. 태평양 불의 고리에 위치한 일본은 오랜 세월에 걸쳐 수많은 지진으로 고통을 받았죠. 나는 일본에 업무차 출장 갈 기회가 많았습니다. 그리고 그곳에서 다섯 번의 크고 작은 지진을 경험했습니다. 침대가 물 위에 떠있는 보트처럼 출렁거리는 느낌을 준 지진부터 죽음의 문턱까지 끌고 간 지진까지.

　　평생 기억에 남을 지진은 2011년 3월 11일에 발생한 후쿠시마 대지진(정식 명칭은 '동일본 대지진')입니다. 후쿠시마 대지진은 규모 9.7로 일본 역사상 가장 강력한 지진 중 하나였습니다. 최대 40m 높이의 쓰나미는 해안 지역을 초토화시켰고,

2만 명 가까운 사람이 목숨을 잃었습니다.

바로 그날 나는 출장차 일본을 방문했습니다. 오후 2시쯤 동경 하네다 공항에 도착했습니다. 후쿠시마 대지진이 2시 47분쯤 발생했습니다. 나는 그 시각에 공항을 나와 일행과 함께 택시를 타고 하네다에서 신주쿠로 향하는 고가도로 위를 달리고 있었습니다. 갑자기 고가도로가 흔들리기 시작했습니다. 처음에는 작은 흔들림이었지만 금방 거칠어지고 강해졌습니다. 택시는 심하게 흔들리며 좌우로 요동쳤습니다. 도로가 뒤틀리고 고가도로 양옆에 서 있는 키 큰 가로등이 흔들렸습니다. 이를 눈으로 보는 것은 대단한 공포였습니다.

택시는 동경 외곽 도로의 복잡하고 높은 고가도로 위에 있었기에 아주 위태롭게 느껴졌습니다. 우리는 물론, 택시 기사도 공포에 질린 채로 운전대를 양손으로 꽉 잡고 있었습니다. 정신없이 흔들리는 차 안에서 균형을 잡으려 차 안에 있는 손잡이 고리를 단단히 움켜쥐었습니다. 고가도로 중 급커브가 있는 부분은 도로가 비스듬히 경사가 져 있어서 혹시 옆에 있는 대형차가 미끄러져 내려오면 어떡하나 하는 두려움 때문이었습니다. 순간적으로 1989년 샌프란시스코와 1995년 일본 고베에서 일어난 지진을 떠올렸습니다. 고가도로가 붕괴되어 수많은 사람들이 목숨을 잃었습니다. 택시 안에서 숨을 죽이며 지진이 조속히 끝나기를 기도할 수밖에 없었습니다.

지진이 수분 간격으로 계속 고가도로를 흔들어 댔습니다.

여진이 시작되면 고가도로 위의 모든 차량이 정지했다가, 좀 잠잠해지면 다시 슬슬 움직이는 불안한 패턴이 되풀이되었습니다. 고가도로가 무너져 차가 추락하면 바로 죽음이 기다리고 있다는 것을 알고 있었습니다. 삶과 죽음이 바로 옆에서 공존하고 있는 것입니다.

공포의 시간이 지나, 택시는 고가도로를 빠져나와 신주쿠에 겨우 도착했습니다. 고층 건물과 좀 떨어진 신주쿠 공원에 많은 사람들이 대피해 있는 것이 보였습니다. 길바닥에는 고층빌딩에서 깨진 유리창 조각들이 떨어져 사방에 널려 있었습니다. 사람들 모두 헬멧을 쓰고 있었지만, 많은 사람들이 얼굴이나 몸에 상처가 나 피를 흘리고 있었습니다. 여진으로 지면이 계속 울렁거리며 불규칙하게 움직여 바로 서 있기가 어려웠습니다. 도로 아스팔트 바로 아래 무언가 큰 구렁이 같은 것이 꿈틀거리며 사방으로 움직이는 듯한 해괴하고 섬찟한 느낌이었습니다. 어떤 사람들은 움직일 수가 없어 얼굴을 땅에 대고 몸을 바짝 엎드리고 있었습니다. 숙소인 신주쿠 하얏트호텔에 도착하니 수많은 사람들이 로비에 내려와 웅크리고 있었습니다. 속옷 차림에 목욕 가운만 걸친 사람들도 눈에 띄었습니다. 빨리 대피하라는 방송에 황급하게 로비로 내려온 것입니다. 호텔 로비 높은 천정에 드리운 길이 10m는 족히 되어 보이는 대형 샹들리에가 시계추처럼 좌우로 왔다 갔다 움직이는 장면은 아직도 눈에 선합니다.

일본 출장을 간 이유는 당시 근무하고 있던 삼성전자에서 곧 출시할 차기 갤럭시폰 모델에 일본 굴지의 게임 개발사인 '데나DeNA'사가 개발한 새로운 게임을 탑재하기 위해서였습니다. 치열하게 경쟁하는 스마트폰 시장 상황으로, 새로운 갤럭시폰의 출시 일정을 원래 계획한 날짜보다 대폭 앞당겨야 했습니다. 문제는 데나사로부터 그들의 모바일 게임을 앞당겨진 날짜에 맞추어 개발하기가 어렵다는 통보를 받은 것이었습니다.

우리 회사 담당임원이 이 문제를 해결하기 위해 일본을 다녀왔지만 목적을 이루지 못했습니다. 데나사도 우리의 급박한 상황을 십분 이해했지만, 개발 인력이 부족해 우리의 요청을 들어주기 어려운 처지였습니다. 3월 11일 저녁까지 이 문제를 해결하지 못하면 데나사의 새 게임은 차기 갤럭시폰 모델에 탑재하기 어려운 급박한 상황이었습니다. 고민 끝에 3월 10일 목요일 저녁에 결단을 내렸습니다. 다음 날 일본 데나사를 방문해 CEO를 만나 협조를 간곡히 요청하기로.

데나사는 지진이 요동치는 상황에서 회의를 진행한다는 것은 무리라고 생각한 것 같았습니다. 하지만 우리는 그날 데나사를 설득해 기대한 결과를 반드시 이루어야만 했습니다. 더 미룰 수가 없었죠. 데나사에게 오늘 저녁에 예정대로 회의를 진행하고 싶다는 의사를 전달했습니다. 아마 그분들은 놀랐을 것입니다. 이렇게 죽음의 그림자가 왔다 갔다 하는 상황에서 미팅이라니…. 3월 11일 저녁 여진이 계속되는 가운데 일본 데나사의 CEO 팀과 저녁 8시부터 미팅을 강행했습니다. 미팅 도중에 데나사 분들의 핸드폰에 "삐리리" 하는 지진경보 신호가 몇 번이나 울렸습니다. 그때마다 지진 대응 요령에 따라 모두 몸을 굽혀 테이블 아래로 몸을 피했습니다. 그러다 잠시 후 지진 해제 메시지가 오면 미팅을 재개했지요. 데나사의 사정이 녹녹하지 않았지만, 감사하게도 우리가 원하는 일정에 맞춰 게임을 개발해 주기로 했습니다. 우리의 간절함과 진정성이 통했던 것 같습니다. 어려운 사업 환경에서도 우리의 요청을 받아 준 데나사의 CEO께 아직도 감사한 마음을 가지고 있습니다. 사업이란 정말 목숨 걸고 하는 것이라는 말이 새삼 느껴졌습니다. 한국으로 돌아오는 비행 편에서, 비행기가 좀 기우뚱하면 마치 그날 밤 여진으로 인해 호텔 방의 침대가 배같이 둥둥 떠다니는 듯한 느낌이었습니다. 지진 트라우마가 나의 DNA에 자리 잡은 것입니다. 후쿠시마 대지진 후에 나는 한동안 일본을 방문하지 않았습니다.

그 후 데나사의 '남바 토모코' CEO는 2013년 출간한 저서 「험난한 여정을 이끌며Leading a bumpy journey」에서 후쿠시마 대지진이 일어났던 날 우리 팀과의 미팅 상황을 다음과 같이 기술했습니다.

"그날은 한국 삼성전자의 부사장이 나와의 회의를 위해 일본에 올 예정이었다. 지진으로 인해 모든 전화가 불통이 되어 어떻게 해야 할지 몰랐다. 만약을 대비해 회사 건물의 입구에서 기다리고 있었다. 몇 시간 후 지진이 조금 진정된 후 이 부사장의 수행원이 도보로 우리 회사로 찾아와 만났다. 하네다 공항에서 도심으로 향하는 고속도로 상에서 지진을 겪었다는 것이다. 그 후에 그들이 숙박하는 곳까지 함께 걸어가서 부사장과 만날 수 있었다. 호텔은 모든 교통수단이 끊기어 귀가하기 어려운 사람들로 붐볐다. 우리도 거기에서 움직일 수 없게 되어 회의를 포함해 꽤 오랜 시간을 그들과 함께 보내게 되었다. 나에게 3.11 지진 관련 기억의 아이콘은 삼성전자가 되었다."

후쿠시마 대지진의 공포를 잊을 수 없습니다. 많은 사람이 희생되었습니다. 가공할 만한 지진을 느낀 그 순간, 죽을 수도 있다는 생각이 들었습니다. 하지만 살아남았습니다. 지진의 위력은 내 인생에서 가장 무서운 경험이었습니다.

성경에 따르면, 아담과 하와의 범죄로 인해 땅과 피조물이 고통받고 있습니다. 창세기 3장 17절을 비롯한 여러 곳에서 그들이 지은 죄로 인해 온 땅은 저주를 받고, 인간은 수고와 고통을 겪게 되었으며, 동물 또한 인간의 죄로 인해 고통을 받고 있다는 것을 말하고 있습니다. 지진과 쓰나미도 고통받고 있는 땅의 소산입니다.

후쿠시마 대지진의 참혹한 순간들은 우리에게 삶과 죽음이 얼마나 미묘하게 얽혀 있는지, 마치 종이 한 장의 두께처럼 얇고 연약한 선 위에 서 있음을 가슴 깊이 실감하게 했습니다. 지진으로 흔들릴 때마다 불가피한 진실인 죽음이 얼마나 우리 가까이에 있는지 절감하곤 했습니다.

하지만 이러한 극한 상황에서도 금방 진정하고, 요동치거나 절망하지 않는 것은 하나님께서 주신 영생이 있음을 알기 때문이었습니다. 후쿠시마 대지진은 죽음이 끝이 아니고, 그 너머 하나님이 은혜로 주신 구원과 영원한 생명이 얼마나 소중한지를 다시 한번 일깨워 주었습니다.

넷플릭스의 '버림'의 경영에서 배우라

1997년 출범한 넷플릭스는 많은 영화, 드라마, 다큐멘터리 등의 동영상을 TV나 모바일폰에 스트리밍으로 보여 주는 서비스입니다. 출범 초기에는 DVD 대여 사업을 했고, 2007년부터는 동영상 스트리밍 사업을 했습니다. 현재 전 세계 197개국 스트리밍 플랫폼 영역에서 선두를 달리고 있습니다. 2024년 초 기준, 유료 구독 가입자는 2억 6천 명을 넘고 있습니다. 한국에서는 2016년 서비스를 시작하여 2024년 현재 스트리밍 서비스 영역에서 선두를 달리고 있습니다.

넷플릭스의 성장 역사를 보면, 심플한 경영을 위해 많은 노력을 기울인 것을 알 수 있습니다. 기업의 성장은 "현재 있는 것에서 무엇을 버리면 좋을까?" 하는 의사 결정의 연속이라고 볼 수 있습니다. 이를 보여 주는 좋은 예는 넷플릭스 초대 CEO였던 '마크 랜돌프Marc Randolph'가 한 말입니다. "집중하라Focus! 이것이 기업가의 비밀 병기다. 넷플릭스는 미래의 성공을 위해 자주 과거의 일부를 기꺼이 버려야만 했다. 넷플릭스의 성장 전략은 계속 버리는 것의 역사다."

이것은 넷플릭스가 중대한 갈림길에 서 있을 때 한 말입니다. 1998년 당시, 현재 매출의 90퍼센트 이상을 차지하는 전통적인 DVD 대여 비즈니스를 유지하느냐, 아니면 현재 매출은 아주 미미하지만 미래 도약이 예상되는 스트리밍 기술을 이용한 새로운 비즈니스를 채택하느냐 간에 선택을 해야 했습니다. 당시 넷플릭스는 엔터테인먼트 산업의 혁신과 미래를 위해 스트리밍으로 가야 한다고 판단했습니다. 스트리밍으로 전환하기로 한 결정은 기존의 DVD 대여 사업을 포기하는 대담한 전략적 움직임이었습니다.

넷플릭스의 '버림의 역사'를 대표하는 또 하나의 의사 결정은 자체 데이터센터를 버리고 아마존 클라우드를 사용하기로 한 것입니다. 2007년 당시 넷플릭스는 자체 데이터센터를 구축해 운영하고 있었습니다. 비디오 스트리밍 서비스 출시 후, 가입자 수는 매년 30퍼센트 내외로 가파르게 증가했습니다. 비디오 콘텐츠와 전 세계 수천만 명의 고객이 매일 엄청난 양의 데이터를 생성하고 있었습니다. 급격한 성장에 발맞추어 데이터센터 능력도 대폭 늘려야 했습니다. 넷플릭스는 이런 변화에 대한 경험이 없었던 까닭에 운영에 많은 어려움을 겪었습니다. 그러던 중 2008년 자체 데이터센터에서 오류가 발생했습니다. 전체 서비스가 종료되고 3일 동안 DVD 배송이 중단되었습니다. 기업에서는 용납할 수 없는 대형 사고였습니다. 데이터센터를 자체적으로 운영하는 것이 과연 바람직한지 되돌아보게 되었습니다.

넷플릭스는 두 개의 옵션 중 하나를 선택해야 하는 기로에 섰습니다. 즉, 계속 자체 데이터센터를 운영하든지, 아니면 자체 데이터센터를 과감하게 버리고 타사가 운영하는 탄력적인 클라우드를 이용하는 것이었습니다. 넷플릭스는 고객에게 양질의 비디오 시청 경험을 제공하는 것이 핵심 역량, 혹은 본업이라고 생각했습니다. 본업이 아닌 비본질적 업무는 이를 잘하는 전문 업체에 맡기고, 모든 역량을 모아 본업의 고도화에 충실하는 것이 바람직하다는 결론에 이르렀습니다. 2008년 넷플릭스는 자체 데이터센터를 버리고, 모든 데이터를 아마존 클라우드로 옮기기로 결정했습니다. 당시에 넷플릭스가 아마존 클라우드를 선택한 것은 실패 위험 부담을 안은 매우 과감한 조치였습니다.

넷플릭스의 모든 데이터를 옮기는 방대한 작업은 7년간의 작업 끝에 2016년 초에 완결되었습니다. 아마존 클라우드로의 이전으로 인해서 넷플릭스는 서비스의 유연성과 확장성을 대폭 높였습니다. 만일 넷플릭스가 아마존 클라우드로 이전하지 않았다면 자체 데이터센터에서 급성장을 지원하기는 어려웠을 것입니다.

위에서 언급한 두 가지의 '버리는' 결정은 이후 넷플릭스가 글로벌 강자로 자리매김하는 데 결정적인 역할을 했습니다. 스트리밍 서비스 모델로 전환하고 아마존 클라우드를 사용함으로써 사람들이 영화와 TV 프로그램을 시청하는 방식을 혁신할 수 있었고, 전 세계 고객에게 양질의 서비스를 제공할 수 있게 되었습니다. 넷플릭스는 세계 최고의 엔터테인먼트 스트리밍 플랫폼이 되었습니다. 랜돌프가 한 말은 기업이 본업에 집중하기 위해 핵심이 아닌 것은 계속 버리며 혁신을 단행한 기업가적 사고방식의 전형이었습니다.

넷플릭스 외에도 기업이 성장을 위해 불필요한 부분을 버리고 몸집을 가볍게 하는 전략을 채택하는 경우는 많습니다. 이른바 '슬림화' 또는 '핵심역량 집중' 전략입니다. 예를 들면, IBM은 과거 하드웨어 제조에서 큰 성공을 거두었으나, 기술 변화와 시장 경쟁이 치열해지면서 점차 서비스와 소프트웨어 중심으로 사업을 전환했습니다. 이를 위해 2000년대 초반에 프린터, 통신, 스토리지 및 PC 사업부를 매각하고 금융 및 컨설팅 서비스에 더욱 집중했습니다.

가파른 암벽 산을 등반하는 록 클라이머rock climber와 그리스도인은 모두 삶의 모험가라 할 수 있습니다. 록 클라이머는 등반하는 동안 몸을 최대한 가볍게 유지하기 위해 생명을 유지하는 데 꼭 필요한 최소한의 장비만 휴대합니다. 마찬가지로 그리스도인도 순례의 길에서 신앙을 위해 꼭 필요한 것만 챙기고 나머지는 '버려야' 합니다.

기독교 신앙은 가장 중요하고 가치가 있는 한 가지, 즉 하나님에게 집중할 때 반듯해지고 성장합니다. 이 땅에서 순례자로서 살아가면서 믿음이 성숙해지고 예수님을 닮아가면서 계속 버리거나 포기하게 될 것입니다. 이렇게 할 때 우리는 세상의 혼란이나 유혹으로부터 자유로워질 수 있습니다. 넷플릭스가 현재 이익이 많이 나는 사업도 미래의 성공을 위해 지속해서 포기하며 앞으로 나아가는 것처럼, 그리스도인도 현재의 달콤한 유혹을 떨쳐버려야 미래를 헤쳐 나갈 수 있습니다.

우리 삶에서 물건이나 생각을 버리는 것은 종종 어려운 결단을 요구합니다. 특히 익숙한 것이라면 더욱 그러합니다. 익숙한 것에 대한 애착은 자연스러운 인간의 본성이니까요. 익숙함은 비에 젖은 가을 낙엽처럼 우리에게 착 달라붙어 좀처럼 떨어지지 않습니다. 익숙함은 우리가 새로운 경험을 하거나 변화를 받아들이는 것을 방해하며 우리의 성장을 가로막는 장애물이 될 수 있습니다. 우리의 삶에서 불필요하거나 해로운 것들을 버리는 과정을 통해, 우리는 자신을 재발견하고 새로운 가능성을 열어갈 수 있습니다.

버리기는 단순히 물리적인 행위를 넘어서는 정신적 과정입니다. 우리가 버리는 것 중에서 가장 어려운 것은 하나님께 자아를 양도하는 것입니다. C. S. 루이스Clive Staples Lewis는 우리가 하나님께 자아를 양도할 때, 우리의 욕망을 내려놓고 하나님이 우리를 위해 계획하신 것을 받아들인다고 말합니다. 루이스는 우리가 자신의 욕망을 내려놓는 것에는 고통이 따르게 되어 있어서 자아를 포기하는 것이 쉽지 않을 수 있다고 말합니다. 버릴 때는 버리는 것에 집착하지 말고, 버림으로 인해 얻을 수 있는 장점에 초점을 맞추면 결정이 훨씬 수월할 것입니다. 예수님을 아는 고상한 지식을 지키는 데 방해가 되는 모든 것을 '배설물'로 여겨 지속적으로 버린 사도 바울의 신앙을 본받고 싶습니다.

믿음의 번지점프

두려움과 고통을 주는 고문 같은 스포츠가 있습니다. 이른바 익스트림 스포츠입니다. 대표적으로 번지점프를 들 수 있습니다. 번지점프는 로프와 하니스(로프를 몸에 안전하게 연결하는 장치)에 몸과 발목을 묶은 다음, 높은 곳에서 뛰어내려 머리가 강이나 바닥에 닿기 전에 다시 하늘로 솟구쳐 오르고 다시 떨어지기를 몇 번 반복하다가 멈추는 놀이입니다. 순간순간 아찔한 느낌을 줍니다. 처음에는 위험스럽게 느껴지는 움직임에 저항해 무엇을 세게 움켜잡아 내 몸을 지키려 합니다. 그러다 곧 그렇게 버티는 것을 포기하고, 그냥 자연에 몸을 맡기자는 자포자기의 마음으로 변합니다. 이 경험이 어떤 감정적 통찰을 주는지 오래 전부터 궁금했습니다.

몇 해 전에 뉴질랜드 남섬 퀸스타운 근처 '카와라우Kawarau'

다리 위에 설치된 '카와라우 번지점프대'에 갔었습니다. 빨리 움직이는 피사체를 고속 촬영하기 위해서였습니다. 높이가 43m로 뉴질랜드 최초의 번지점프 장소입니다. 점프대 아래는 짙은 옥빛을 띠고 있는 '카와라우강'이 흐르고 있는 협곡입니다. 다리 위에서 내려다보는 협곡의 풍경은 아찔했습니다. 가파르고 좁은 협곡을 흐르는 강이어서 바람은 굉장히 거칠고 강했습니다. 스릴을 즐기고자 찾아온 모험가들에게는 역설적으로 아주 좋은 환경인 셈입니다.

오랜 시간 동안 번지점프 타는 것을 관찰하며 낙하 준비부터 강에서 구조하는 순간순간의 모습을 사진에 담았습니다. 방금 번지점프를 마친 몇 사람들로부터 생생한 이야기를 들었습니다. "나는 말이야, 이렇게 번지점프를 멋있게 성공했어"라는 무용담들을. 이야기를 들으며 문득 번지점프의 가슴 졸이는 오르내림이 요동치는 세월을 살아온 우리 인생살이와 참 흡사하다는 생각이 들었습니다.

번지점프는 어떻게 시작되었을까요? 1979년 영국 옥스퍼드대 모험스포츠클럽 회원 4명이 미국 샌프란시스코 금문교에서 뛰어내리면서 시작되었다고 합니다. 이후 뉴질랜드의 '앨런 해킷Alan Hackett'이 1987년 파리에서 110m 높이의 에펠탑에서 뛰어내린 것이 알려지면서 대중적 레포츠로 자리 잡기 시작했습니다. 해킷은 1988년 남 뉴질랜드에서 '카와라우 번지점프 센터'를 오픈했습니다.

2001년 영화 〈번지점프를 하다〉의 주인공 이병헌은 바로 그 번지점프 센터에서 번지점프를 했지요. 한국 양궁 선수들은 어떤 경우에도 겁먹지 않는 담대함을 기르기 위해 번지점프 훈련을 했다고 합니다. 로프에만 의존한 채 두 사람이 자유낙하를 하는 번지점프의 짜릿함은 신세대 연인들이 즐기는 레포츠로 자리 잡아가고 있습니다. 둘이 동시에 느끼는 고소공포증과 극도의 긴장감, 짜릿함을 통해 서로를 격려하고 아끼는 연인 관계를 만들 수 있기 때문입니다.

생명을 담보하는 고무 로프는 도전자의 몸무게에 따라 길이와 탄성을 달리 조절합니다. 도전자가 번지점프대에 오르기 전에 먼저 몸무게를 측정하면 운영자가 적합한 로프 사양으로 세팅해 줍니다. 뛰어내리기 위해 꼭대기에 서서 아래를 내려다보는 순간, 심장이 멈출 것 같은 아찔함과 두려움이 머리끝부터 발끝까지 엄습할 것입니다. 뛰어내리면 로프가 풀리면서 머리가 땅이나 물을 향해 아래로 곤두박질치며 머리가 하얘질 것입니다. 찰나의 순간이 지나면 로프가 팽팽해지면서 머리가 강이나 바닥에 닿을 것 같은 그때 몸은 다시 하늘로 솟구쳐 오르고 떨어지기를 몇 번 반복하다가 멈추게 됩니다. 떨어지는 건 그리 무섭지 않지만, 정말 두려운 때는 탄력성 있는 로프 때문에 몸이 다시 허공으로 떠오르는 순간이라고 합니다. 로프에 매인 몸이 몇 번 오르락내리락한 다음에 점점 속도가 줄어들고 허공에 떠 있게 되면, 아래에 대기하고 있던 보트가

다가와 로프를 분리하고 보트에 태웁니다. 이젠 살았다는 '휴' 하는 안도의 한숨과 함께 "나도 해냈다"라는 자부심이 솟아오를 것입니다.

번지점프는 단순히 높은 곳에서 뛰어내리는 행위가 아닙니다. 우리의 감정과 인식을 극한까지 자극하는 경험입니다. 우리는 일상의 루틴과 스트레스, 제한된 생활 속에서 종종 스스로의 한계를 느끼곤 합니다. 고공에서 뛰어내려 자유 낙하하는 그 순간에는 일상에서는 접할 수 없는 감정을 경험하게 되며 잠시나마 자유와 해방의 느낌을 누리게 됩니다. 번지점프 고수에 의하면 그들의 삶은 번지점프를 하기 전과 후로 나뉜다고 할 정도로 뛰어내리고 난 이후에 상승하는 자신감은 향후 삶의 경쟁력이 된다고 합니다.

번지점프대에서 뛰어내릴 준비를 마친 번지점프 도전자의 마음 상태는 어떨까요? 서 있는 그 짧은 시간 동안에도 두려움과 기대가 섞인 복잡한 감정이 마음에 가득할 것입니다. 번지점프 도전자들이 낙하대에 서면 아래로 떨어지는 것 이외에는 아무것도 할 수 없습니다. 도전자는 로프와 하니스, 그리고 운영자들이 자신이 땅에 떨어지지 않도록 한다는 '믿음'을 가지고 허공에 몸을 던지게 됩니다. 사실 잘못되면 죽을 수도 있다는 것을 생각하면, 참으로 대단한 믿음이 아닐 수 없습니다. 신기하게까지 느껴집니다.

우리는 인생길에서 간혹 번지점프같이 두렵고 떨리는 상

황에 처하기도 합니다. 때때로 자신이 완전히 무력하다는 것을 느낍니다. 번지점프 도전자가 가진 믿음은 광야 같은 세상을 살아가는 우리에게도 적용될 수 있습니다. 번지점프를 하기 위해서는 먼저 안전 장비를 착용해야 하는 것처럼, 우리를 사랑하시고 지켜주시는 하나님을 믿는 것은 우리 삶의 안전 장비라고 할 수 있습니다. 번지점프 운영자는 도전자의 안전을 위해 모든 장비를 점검하는 일에 최선을 다합니다. 도전자는 반드시 운영자의 안내에 따라야 합니다. 마찬가지로 우리는 우리를 선한 길로 이끌어 주기를 원하시는 하나님의 인도를 따라 살아야 합니다.

번지점프는 두려움과 설렘을 동시에 느끼는 경험입니다. 하지만 안전 장비를 착용하고 운영자의 안내에 따라 뛰어내린다면 분명히 즐거운 경험이 될 것입니다. 뿌듯함도 느낄 것입니다. 마찬가지로 하나님을 믿고 하나님의 말씀에 따라 살아간다면, 힘든 삶 속에서도 기쁨과 행복을 찾을 수 있을 것입니다. 눈앞에 보이는 현실의 어려움이 있다면 하나님을 의지하는 믿음의 번지점프를 해보시면 어떨까요?

'에스더' 리더십

오늘날 우리는 훌륭한 리더십에 목말라 있습니다. 서점에는 리더십에 관한 책이 널려 있습니다. 대부분 일반적인 리더십 유형, 혹은 지난 몇십 년 동안 성공한 글로벌 기업의 경영자들을 모델로 쓴 책들입니다.

성경에는 위대한 리더들이 많이 등장합니다. 이집트에서 노예로 핍박받던 이스라엘 백성을 해방시킨 후 시나이 광야에서 40년간 이끌었던 모세, 야곱의 아들로 형제들의 미움을 사 이집트에 노예로 팔려갔지만 자수성가하여 마침내 이집트의 총리로 우뚝 선 요셉, 고대 유다 왕국 시절 바빌로니아에 포로로 끌려가 온갖 곤욕을 치렀지만 끝내 신앙의 지조를 굽히지 않은 다니엘, 유대 민족이 가장 존경하는 다윗왕 등입니다.

나는 좀 다른 관점으로 봅니다. 구약성경 〈에스더Esther〉에 나오는 에스더를 리더십의 전형으로 꼽습니다. 의외라고 생각하시는 분도 계실 것 같습니다. 왜냐하면 고대 유대 시절 리더의 이미지는 엄청난 고난을 이겨냈거나 전쟁을 승리로 이끈 건장한 지휘관, 혹은 높은 지위에 오른 남자들이니까요.

성경 〈에스더〉의 배경은 기원전 5세기 무렵 페르시아(오늘날 이란) 왕국 시대입니다. 주인공인 에스더는 유대인으로서 페르시아 왕궁으로 끌려간 후 나중에 아하수에로왕의 왕비가 된 젊은 여성이었습니다. 이 책은 고대 페르시아 '아하수에로Ahasuerus'왕 시대에 유대민족을 멸절시키려는 한 음모를 하나님을 신뢰하는 믿음, 지혜와 용기를 가진 유대인 출신 왕비 에스더와 그녀의 삼촌 '모르드개'가 저지하는 과정을 담고 있습니다. 한 편의 스릴러 같은 스토리입니다.

아하수에로왕 시대에 권력 순위 2인자로서 막강한 힘을 휘둘렀던 '하만Haman'은 모든 유대인을 제거하기 위해 음모를 꾸몄습니다. 마치 독일 나치시대, 유럽 거주 유대인을 말살하려는 계획과 유사합니다. 하만은 모든 백성이 그에게 절을 하도록 명령했지만 유대인들은 거부했습니다. 하만은 유대인들을 증오했고 그들을 모두 죽이기로 결심했습니다. 그리고 아하수에로왕에게 지방에 있는 모든 유대인을 죽일 것을 청원해 허락을 받았습니다. 하만은 유대인들을 죽일 날짜까지 정했습니다.

에스더의 삼촌인 모르드개는 모든 유대인이 몰살당할 일촉즉발의 위기에 처했다는 것을 알게 되었습니다. 그는 에스더에게 도움을 청했습니다. 에스더는 왕후였지만 왕 앞에 나아가는 것을 두려워했습니다. 왜냐하면 왕이 내린 규례로 인해 왕의 부르심을 받지 않고는 아무도 왕 앞에 나아갈 수 없었기 때문이었습니다. 규례를 어길 경우 죽임을 당할 수도 있었습니다. 또 왕에게 유대인들을 구해 달라고 간청하는 데 실패할 수도 있었습니다.

에스더는 죽음을 각오하고 담대하게 왕에게 나아가 하만의 음모를 밝히 말하고 유대인들을 구해 달라고 간청했습니다. 왕은 그녀의 간청을 들어주었습니다. 하만은 유대인들을 죽일 계획에 실패했고, 오히려 그 자신이 모르드개를 매달아 죽이려고 세운 장대에 매달리고 맙니다. 에스더의 믿음과 용기 덕분에 유대인들은 큰 위기를 모면할 수 있었습니다. 이 사건 이후, 유대인들은 매년 '부림절Purim'을 지키며 이날을 기념하고 있습니다.

왜 에스더를 훌륭한 리더십으로 꼽았을까요? 우선 그녀의 됨됨이를 살펴보겠습니다. 성경은 에스더를 보는 모든 사람이 그녀를 '아름답게' 보았고 '좋아했다'라고 기술하고 있습니다(에 2:7-9). 외적 용모가 아름다울 뿐 아니라 타고난 성정 또한 매우 훌륭하고 아름다웠다는 의미입니다. 그녀는 무슨 일을 하든지 마음을 다하여 하나님께 하듯 하고 사람에게 하듯 하지 않았습니다. 그 당시 왕후 간택을 위해 전국에서 온 많은 처녀들을 1년에 걸쳐 아름답게 가꾸는 것을 담당한 '헤게'라는 자가 있었습니다. 그는 왕후 후보자들이 원하는 물품을 무제한으로 제공해 주었습니다. 하지만 에스더는 다른 처녀들과는 달리, 미리 정한 기본 물품 외에는 다른 것을 요구하지 않았습니다. 에스더는 헤게뿐 아니라 모든 사람들에게 존경과 사랑을 받았습니다(에 2:15). 평소 몸에 배인 겸손과 절제, 그리고 남을 배려하는 자세 때문이었습니다.

우리는 에스더에게서 믿음, 용기, 기도의 중요성을 배울 수 있습니다. 에스더는 유대인인 본인이 왜 그 시점에 왕비로 있는지에 대한 소명 의식이 있었습니다. 왕 앞에 나아가는 것이 두려워 망설이고 있을 때, 그녀는 삼촌 모르드개로부터 "왕후의 자리에 있는 것이 이때를 위함이 아니겠느냐"라는 말을 듣습니다. 에스더는 자신이 왕후의 자리에 올라간 것이 '하만'의 음모를 저지하기 위한 하나님의 뜻이라는 소명을 깨달았습니다.

에스더는 하나님이 유대인들을 구원해 주실 것이라는 믿음을 가졌습니다. 하나님께서 자신을 통해 그분의 목적을 이루실 것을 믿었습니다. 에스더는 왕 앞에 가기 전에 하나님께 도움을 구했습니다. 지혜와 할 말을 주시고 자신을 위험으로부터 보호해 달라고 간구했습니다.

에스더는 왕비로서 편안한 삶에 익숙해져 있었지만, 자신의 안전지대에서 벗어나 백성들을 구하기 위해 기꺼이 왕 앞에 나섰습니다. 에스더는 왕 앞에 가면 자신이 죽을 수 있다는 것을 알았지만, 동족을 구하기 위해 죽음을 불사한 각오를 합니다. 이때 에스더가 하는 말이 "죽으면 죽으리이다"라는 구절입니다. 에스더는 정의롭고 가치 있는 대의를 이루기 위해 목숨을 걸고 추진하는 패기가 있었습니다. 기도와 지혜로 준비하고 강력하게 추진했습니다. 유대인들에게 자신을 위해 금식하고 기도하도록 요청하는 등 다른 사람들도 행동에 나서도록 영감을 불어넣었습니다.

에스더는 지혜로웠습니다. 왕의 허영심과 정의감에 호소하는 방법을 알고 있었습니다. 에스더는 역경에 직면했을 때 회복력이 있었습니다. 자신에게 불리한 상황이 닥쳤을 때도 포기하지 않았습니다. 하나님은 에스더의 기도에 응답하셨고 유대인들을 구해 주셨습니다.

에스더는 자신의 믿음과 도덕적 원칙에 따라, 어렵고 위험하더라도 옳고 가치 있는 일에 모든 것을 걸었습니다. 또 기도와 행동의 중요성을 보여 주었고, 믿음에 기반한 용기와 담대함이 얼마나 중요한지를 보여 주었습니다. 환난의 때에 우리를 지키시는 하나님에 대한 절대적 신뢰, 믿음과 기도, 지혜와 패기를 두루 갖춘 에스더가 보여 준 탁월한 리더십은 오늘날에도 여전히 존경받고 있습니다.

모범이 되는 진정한 리더십을 찾기 어려운 요즈음, 에스더는 세상을 변화시키고자 하는 사람들이 닮고 싶은 리더십 모델일 것입니다.

2. 그리스도인답게 살아가기

팁에 담긴 사랑의 마음

아침 호텔룸을 나서면서, 식당을 나오면서, 혹은 택시에서 내릴 때 팁을 주신 적이 있는지요? 어떤 마음으로 팁을 주셨는지요? 팁은 호텔, 음식점, 택시 등에서 서비스 제공자에게 감사 표시로 주는 돈입니다. 한국에도 팁 문화가 많이 확산되어 더 이상 낯설지 않습니다.

'팁'이라는 단어가 생긴 유래 중 하나는 '신속함을 보장하기 위해 To Insure Promptness'의 머리글자를 딴 'TIP'이라는 용어에서 비롯되었다고 합니다. 과거 한때 존재하던 이른바 '급행료'와 비슷한 개념이었던 것 같습니다. 오랜 세월이 지나면서 '팁'의 의미는 음식점에서 서비스에 대한 보상으로 주는 적은 돈을 의미하게 되었습니다. 미국에서는 팁 문화가 서비스 산업에 뿌리내리고 있어, 팁이 종업원들 소득의 일부가 되는 경우가 많습니다. 고객의 팁에 의존하는 이러한 소득 구조는 근로자의 수입을 불안정하게 만들 수 있습니다.

고객의 관점에서 팁은 좋은 서비스에 대한 보상이자 숨겨진 비용으로 볼 수 있습니다. 팁을 언제, 누구에게, 얼마를 줘야 적절한지 혼란스러운 경우가 있습니다. 지역, 문화의 차이로 더욱 복잡해질 수 있습니다. 미국에서 팁은 일반적으로 서비스 요금의 10~20퍼센트입니다. 다른 나라에서는 이 비율이 좀 낮습니다. 일본이나 유럽 국가에서는 팁을 주지 않는 곳이 많습니다. 한국에는 팁에 대해 정해진 룰이 없습니다. 미국에서는 서비스 제공자의 임금이 팁을 포함해서 계산되는 경우가 많으므로, 팁을 너무 인색하게 주는 것은 피해야 합니다. 나에게는 큰돈이 아니지만 서비스 제공자들에게는 큰돈일 수 있기 때문입니다. 팁을 음식이나 호텔 가격의 일부라고 간주해야 합니다.

팁을 보수의 일부로 인식하면서 "고용주가 주어야 할 보수를 왜 손님이 부담하는가?"라며 부정적으로 보는 시각도 생겼습니다. 식당에서 결제 전에 직원이 태블릿 화면으로 "15%, 18%, 20%"의 버튼을 보여 주며 팁을 주겠냐고 물어보는, 사실상 팁을 강요하는 행위로 물의를 빚은 적도 있습니다. 봉사료가 이미 가격에 포함돼 있기 때문에 팁을 줄 이유가 없다는 의견도 존재합니다. 생각하기에 따라 팁을 줄 필요가 없다는 여러 이유가 있을 수 있습니다. 하지만 서비스업 종사자들은 생계를 유지하기 위해 팁에 의존하는 경우가 많기 때문에 팁을 주는 것이 옳은 일이라고 생각합니다.

팁을 주는 행위는 윤리적인 문제를 야기할 수 있습니다. 팁은 오로지 서비스 품질을 기준으로 지불해야 합니까? 아니면 서비스 제공자의 재정적 필요나 회사의 급여 구조와 같은 요소를 고려하면서 지불해야 합니까? 팁의 공정성에 대해서 의문을 제기하기도 합니다. 어떤 사람은 외모 등 서비스 제공자 자신이 통제할 수 없는 요인에 따라 많은 팁을 받을 수 있는 반면, 어떤 사람은 훌륭한 서비스를 제공했지만 적절한 팁을 못 받을 수도 있습니다.

나는 팁을 통하여 사람이 존귀하다는 것을 새삼 깨우치게 되었습니다. 무슨 말인지 어리둥절하실 분이 계실 것입니다. 예전에 식당이나 호텔에서 주는 팁은 주머니에 있는 동전의 소비 정도로 여기는 사람이 많았습니다. 나도 예외가 아니었습니다.

하지만 하나님을 조금씩 알아가면서 인간에 대해서도 더 깊이 알게 되었습니다. 인간은 하나님이 만든 최고의 창조물로서 천하와도 바꿀 수 없는 존재임을 알게 되었죠. 그런 귀한 존재에게 주머니에 짤랑거리는 동전 몇 개를 건넨다는 것은 스스로 용납하기 어려웠습니다. 팁 액수와 형태 모두 중요하다는 생각이 들었습니다. 나름대로 원칙을 세웠습니다. "팁은 지폐로만 지불하고, 미리 준비한다"입니다.

팁을 왜 주는가에 대한 개념도 달라졌습니다. 과거에 팁은 나에게 베풀어 준 서비스에 대한 감사의 표시였습니다. 내가 판단하는 서비스의 질에 따라 팁의 액수도 달랐습니다. 서비스가 엉망인 경우에는 팁을 주지 않기도 했습니다. 그러니까 팁은 받은 서비스에 대한 나의 반응이었던 셈입니다.

시간이 지나면서 팁에 대한 개념이 팁을 주는 내 위주에서, 팁을 받는 서비스 제공자 위주로 바뀌게 되었습니다. 서비스 제공자가 정성이 담긴 팁을 받으면 기분이 좋을 것입니다. 자기가 행한 서비스의 가치가 인정받는 것이면서 동시에 수입도 생기니까요. 내가 서비스를 받으면서 얼마나 좋았느냐가 아니라, 팁을 받는 사람이 얼마나 기뻐할까를 생각하게 된 것입니다.

성경에 하나님이 천국에 온 어떤 사람에게 "내가 주릴 때에 너희가 먹을 것을 주었고 목마를 때에 마시게 하였고 나그네 되었을 때에 영접하였고 헐벗었을 때에 옷을 입혔고 병들었을 때에 돌보았고 옥에 갇혔을 때에 와서 보았느니라"(마 25:35-36)라고 말씀하시는 구절이 있습니다. 그러자 그 사람이 "자기는 하나님께 이런 호의를 베푼 적이 없다"라고 대답했습니다. 이에 하나님은 "너희가 여기 내 형제 중에 지극히 작은 자 하나에게 한 것이 곧 내게 한 것이니라"라고 하셨습니다. 우리는 종종 이러한 경험을 합니다. 우리가 낯선 이에게 베푼 작은 호의가 그 사람뿐 아니라 하나님께도 기쁨을 주는 것입니다. 팁이 전형적인 예입니다.

팁에 관련된 평생 잊지 못하는 경험이 있습니다. 몇 년 전 겨울, 핀란드 헬싱키에 출장을 가서 호텔에 머물렀습니다. 아침에 베개 위에 10달러를 팁으로 놓고 나왔습니다. 저녁에 호텔 방에 들어와 보니 베개 위에 큰 글씨로 "kiitos, kiitos, kiitos!!!"라고 쓰여 있는 큰 용지를 발견했습니다. 핀란드어로 "감사, 감사, 감사합니다!!!"라는 말이라고 합니다. 한동안 넋을 놓고 멍하니 앉아 있었습니다. 알지도 못하는 남을 이렇게 기쁘게 할 수 있다는 것에 감격의 눈물이 흘렸습니다. 호텔방 정리하시는 분이 얼마나 기뻤으면 이런 감사의 글을 남기셨을까. 어떻게 단돈 10달러로 사람을 이렇게 기쁘게 할 수 있단 말입니까? 우리가 살아가면서 남을 이렇게 기쁘게 하는 경우가 얼마나 있을까요? 적은 액수지만 나의 마음이 담긴 팁이라서 그런 것 같았습니다. 우리가 만 원으로 사람을 이렇게 기쁘게 할 수 있다면 얼마나 가성비가 높은 것인가요! 나는 이분이 남기신 글에서, 어려운 사람 하나에게 물 한 그릇 떠 준 것이 바로 내게 한 것이라고 말씀하신 하나님의 흔적을 느낄 수 있었습니다. '아, 하나님이 오늘 아침에 내 호텔 방에 다녀가셨구나' 하는 생각이 한동안 머리에서 떠나지 않았습니다. 하우스키핑하시는 분이 남기신 감사의 편지, 아니 하나님이 내게 보내신 메시지는 지금도 소중히 보관하고 있습니다.

팁은 낯선 이웃에게 사랑의 마음을 전하는 것입니다. 기부나 섬김도 마찬가지입니다. 하나님이 이웃을 섬기라고 하신 것은 그들이 섬김을 받을 자격이 있어서가 아니라, 하나님이 아무 자격도 없는 우리를 먼저 섬기셨기 때문입니다. 나는 나로 인해 미소 지으시는 하나님을 상상해 보기를 좋아합니다. 하나님의 기쁨이 바로 나의 힘이고 능력이기 때문입니다.

잊힌 고마움, 한국 노아의 방주 작전

한국전쟁은 흔히 '잊힌 전쟁Forgotten War'이라고 불립니다. 하지만 우리에게는 결코 잊을 수 없는 전쟁입니다. 극동에 있는 이름 모를 낯선 땅에서 자유민주주의를 지키기 위해 세계 여러 나라의 젊은이들이 고귀한 생명을 바쳤습니다. 전후에는 '한국 노아의 방주 작전Operation of Noah's Ark for Korea'이라는 이름으로 굶주리고 가난한 한국인을 위해 가축과 꿀벌을 보내며 한국의 부흥을 도운 사람들이 있었습니다. 이 글은 우리의 뇌리에서 점점 사라지고 있는, '잊힌 고마움'이 되어 버린 '한국 노아의 방주 작전'에 대한 것입니다.

'한국 노아의 방주 작전'은 1950년대 초 설립한 미국의 비영리단체인 '헤퍼 인터내셔널Heifer International'이 주도적으로 추진했습니다. 미국의 많은 그리스도인 및 교회를 중심으로 진행되었습니다. 전쟁으로 굶주린 한국인을 돕기 위한 구호사업이었습니다. 한국 전쟁으로 황폐해진 한국 농업 부문을 재건하는 것이 목표였습니다. 이 프로젝트는 전쟁 후 한국이 농축산 분야를 발전시키는 데 중요한 마중물 역할을 했습니다.

1950년 발발한 한국전쟁이 남긴 상흔은 도시나 농촌을 막론하고 크고 깊었습니다. 도시의 건물뿐 아니라, 농촌의 논밭은 육중한 탱크와 장갑차에 짓밟혀 엉망이 되었습니다. 사람들은 배고픔에 시달렸고, 피란민들이 방치한 가축도 죽거나 약탈당해 씨가 마를 지경이 되었습니다.

미국 아칸소주에 본부를 둔 미국 비정부기구NGO 구호 단체 헤퍼는 한국의 비참한 소식을 접했습니다. 헤퍼의 사무총장인 '썰 메츠거Thurl Metzger'는 한국의 상태를 정확히 파악하기 위해 전쟁 중임에도 불구하고 1951년 가을 한국을 방문했습니다. 그의 방문 보고서는 다음과 같았습니다. "전쟁은 가축의 대량 파괴를 가져왔다. 일하는 소가 부족하여 많은 논과 밭을 경작할 수 없게 되었다. 농민들에게 상당한 수입을 제공했던 닭과 돼지도 죽거나 약탈당해 농촌 경제가 거의 파산 직전에 이르렀다." 이어 "한국인의 식단에 적절한 동물성 단백질이 부족한 것도 공중 보건에 심각한 위협이 되고 있다"라고 적었습니다.

헤퍼는 실태 조사를 통해, 전쟁으로 한국 농가의 주요 자산인 가축이 대부분 사라졌고 식량이 절대적으로 부족하다는 사실을 확인했습니다. 이에 헤퍼는 유엔한국재건단UNKRA,

United Nations Korean Reconstruction Agency, 1950.12-1958.7과 함께 한국을 돕기로 했으며, 미국과 한국 정부, 기업, 단체들이 동참하기로 했습니다. (유엔한국재건단은 1950년 12월 유엔 총회에서 대한민국의 재건을 위해 설립된 유엔 기구로서 1955년까지 원조자금을 관리했습니다.) 특기할 것은 미국의 많은 기독교 교회가 '한국 노아의 방주 작전'에 물심양면으로 지원했다는 점입니다.

우선 '한국을 위한 종란 보내기Hatching Eggs for Korea' 사업을 추진했습니다. 전쟁이 한창이던 1952년 4월, 전쟁으로 황폐해진 한국의 농촌에 자립 기반을 마련해 주기 위해 병아리로 부화할 수 있는 종란 21만 개를 1952년 4월 인디애나 미드웨이 공항에서 항공기로 실어 보냈습니다. 이 비행기는 미니애폴리스와 시애틀, 앵커리지, 도쿄 등을 경유해 사흘 후 김해공항에 도착했습니다. 그 뒤를 이어 6월에는 돼지, 염소 등 다양한 가축을 전쟁으로 피폐해진 한국 농촌에 보냈습니다. 동물들은 "노아의 방주"라는 별명을 가진 특수 장비를 갖춘 DC-4 근거리 여객기를 타고 한국으로 날아갔습니다. 동물들이 장거리 비행 중에도 편안하게 지낼 수 있도록 특별히 설계된 상자에 넣어 운송하였습니다. 소를 포함한 해상 선적은 1954년에 시작되었으며 마지막 항공 선적은 1976년이었습니다.

헤퍼의 한국 구조 활동 중 특이한 점이 목격되었습니다. 특별한 해상 수송선에서 과거 서부영화에서나 보던 카우보이 모자를 쓰고 가죽 부츠를 신은 목동들이 눈에 띈 것입니다. 헤퍼를 통해 한국으로 보내지는 가축을 돌보기 위해 동승한 목동들이었습니다. 사람들은 이들 목동들을 소 떼를 몰고 초원이 아닌 바다를 건넌다는 뜻에서 '해상 목동Seagoing Cowboys'이라고 불렀습니다. '해상 목동'들은 전쟁 후 한국의 구호사업에 쓰일 가축을 무사히 운반하기 위해 승선했습니다.

배에서 가축을 돌보는 일은 여간 어려운 일이 아니었습니다. 폭풍우를 뚫고 뱃멀미와 싸우며, 미국 샌프란시스코항에서 부산항까지 7주의 항해를 견뎌야 했습니다. 긴 항해 동안 동물들을 건강하게 지켜야 하는 목동들은 한시도 긴장의 끈을 놓지 못했다고 합니다. 목동들은 멀미를 참아가며 바닥에 나뒹구는 가축들을 돌봐야 했고, 가축에게 먹일 건초와 귀리 더미를 나르다 보면 몸살이 날 만큼 심한 고통에 시달리기도 했습니다. 가축을 먹이고 잠자리를 봐주는 일도 고역이지만, 가장 고달픈 일은 여기저기서 쏟아지는 가축 배설물을 신속히 치우는 것이었습니다.

이렇게 헤퍼는 1952년부터 1976년까지 총 44차례에 걸쳐 가축 3,200여 마리를 한국으로 보냈습니다. 태평양을 횡단해 한국까지 젖소를 운반하는 고된 작업에 동원된 해상 목동들은 모두 300여 명에 달했습니다. 가축은 전국의 농부들에게 나누어 주었습니다. 농부들은 동물을 돌보는 방법에 대한 교육을 받았고 사료와 수의사 관리도 제공받았습니다.

헤퍼를 통해 한국에 보내진 가축은 전쟁으로 망가진 축산업의 기반을 다시 세우는 데 종자 역할을 톡톡히 했습니다. 이 가축 보내기 작업은, 지난 1998년 정주영 회장이 두 번에 걸쳐 1,000여 마리의 소떼를 북한으로 몰고 가 기증한 이벤트를 상기하게 합니다. 안타깝게도 그 소들은 북한의 낙후된 축산기술, 질병 치료 미흡 및 사료 부족으로 죽었다는 소식입니다. 대규모 이동의 경우 축산 전문가와 수의사 등이 동행해 낯선 곳에 안착할 때까지 일정 기간 돌봐야 하는데, 북한의 폐쇄성 때문에 소 떼만 보낸 것이 패착으로 지적되었습니다. 선의로 보낸 한우 1,000여 마리가 현지 적응을 제대로 못했다면 축산업 발전의 마중물을 제공한 것이 아니라, 단순히 북한에 소고기를 보낸 것과 다르지 않은 것 같다는 생각이 들었습니다.

헤퍼는 한국의 기독교연합봉사회를 통해 젖소 품종인 홀스타인, 저지, 건지 등을 제공했습니다. 헤퍼는 젖소를 농가에 대부loan 형식으로 기증하고, 첫 새끼를 낳으면 기독교연합봉사회를 통해 다른 농가에 제공해 주는 '선물 이어가기Passing on the Gift' 방식이었습니다. 이런 방식으로 한국 농가가 보유한 젖소 수는 점점 늘어갔습니다. 헤퍼의 덕에 '연세우유'도 탄생했습니다. 헤퍼 프로젝트의 일환으로 1962년 캐나다가 기증한 암젖소 9마리, 씨젖소 1마리 등 모두 10마리의 젖소가 연세대학교에 발을 들여놓아 '연세우유' 사업이 시작된 것입니다.

헤퍼에서 보낸 것은 계란이나 가축만이 아니었습니다. 1954년 4월, 미국 캘리포니아주 오클랜드 공항에는 한국을 향해 출발하는 비행기 한 대가 특별한 손님을 태우기 위해 기다리고 있었습니다. 특별한 손님은 꿀벌이었습니다. 200개의 벌통에 나눠 담긴 150만 마리의 꿀벌들이 한국으로 보내졌습니다. 가축도 아닌 꿀벌을 왜 보내느냐고요? 전쟁 중에 독한 살충제가 공중에서 다량 살포되면서 농작물의 꽃가루를 운반하는 역할을 하는 꿀벌 대부분이 사라져 작물 재배가 어려워진 것입니다. 방사한 꿀벌을 사용해 농작물을 원활하게 수분하고 경작하기 위해서라는 것이죠. 꿀벌의 안전한 수송을 위해 별도의 비행 환경을 조성했습니다. 그 당시 일반적인 수송기 비행기의 비행 고도는 2.5km지만, 꿀벌의 컨디션을 최상으로 유지하기 위해 그보다 절반 이하인 약 1.2km 정도로 비행고도를 낮춰야 했습니다. 또 1950년대 항속거리 3,000km의 중형 프로펠러기를 이용하다 보니 미국에서 한국까지 여러 기착지를 거쳐 3박 4일간 비행해야 했습니다.

헤퍼는 1976년까지 총 3,200여 마리의 가축을 한국에 제공했습니다. 그중 젖소는 897마리, 황소는 58마리였습니다. 헤퍼가 보낸 가축은 전쟁으로 무너진 우리 축산업을 다시 일으켜 세우는 데 밀알이 되었습니다. 슬로건은 "전쟁으로 축산업 기반이 무너진 한국에 '구호 가축'을 보내 희망을 심자"였습니다. 특히 "우유 한 잔을 주기보다 젖소 한 마리Not a Cup of Milk, but a Cow를 보내 자립을 돕자"와 같이 근본적이고 장기적인 해결책 마련이 키포인트였습니다.

수많은 이들의 헌신과 도움으로 한국에 보내진 가축과 종란, 꿀벌을 통해 한국은 농업과 축산업 분야에서 눈부신 성장을 했습니다. 그렇게 보내진 가축은 전쟁 후 한국이 빈곤국을 벗어나는 데 큰 도움을 주었고, 농가에는 생계를 위한 중요한 자산이 되었습니다. 특기할 점은 헤퍼가 전국 축산농가에 젖소 등 가축을 전달하는 것에 그치지 않고, 사육 방법 등에 대한 교육도 병행했다는 점입니다.

노아의 방주 작전 프로젝트는 한국 역사상 가장 성공한 인도적 지원 프로젝트 중 하나로 간주되고 있습니다. 그것은 전쟁 후 한국인들의 삶을 개선하는 데 도움이 되었고 국가 농업 발전의 토대를 마련했습니다.

한국을 위한 노아의 방주 작전은 국제 협력, 특히 교회와 그리스도인을 비롯한 기독교 단체가 어떻게 도움이 필요한 사람들의 삶에 실질적인 변화를 가져올 수 있는지를 보여 주는 좋은 사례입니다.

한국이 한국전쟁 후 해퍼 인터내셔널 재단으로부터 도움을 받은 지 70년이 흘렀습니다. 이제 경제적으로 부유해진 한국은 노아의 방주 작전으로 받은 은혜를 잊어서는 안 됩니다. 다행히 헤퍼코리아를 중심으로 도움이 필요한 곳에 하나님의 사랑을 담아 보내는 노아의 방주 작전을 곳곳에서 펼칠 계획을 갖고 있다고 합니다. 과거에 도움을 받던 한국이 이제 지원국으로 지위가 바뀌었습니다. 헤퍼코리아는 많은 단체와 낙농 관련 전문가들의 후원으로 2022년 12월 우수한 젖소 101마리를 네팔로 수송해 지원했습니다. "물고기 한 마리를 잡아 주는 것보다 잡는 법을 전수한다"는 철학을 바탕으로 한 헤퍼의 정신과 마음도 함께 전했습니다. 헤퍼코리아는 앞으로도 한국전쟁에 참전한 에티오피아 등으로 지원국을 다변화할 계획을 가지고 있다고 합니다. 참으로 멋진 사랑의 선순환입니다.

'여기고' 패러다임

골프에 '이미지 플레이'라는 것이 있습니다. 프로 골프 선수의 스윙폼을 동영상으로 찍은 후, 그 이미지를 스크린에서 반복적으로 보며 머리로 그 스윙을 따라 해보는 것입니다. 그러면 나중에 실제 플레이를 할 때 더 잘할 수 있게 된다는 것입니다.

신앙생활에도 유사한 것이 있습니다. 하나님이 이루시고자 하는 목적과 인간의 현실 상황 사이에 차이가 너무 커서, 인간으로서 감당하기가 어려운 경우가 있습니다. 예를 들어 하나님이 "A를 하라"라고 하시지만, 현실적으로 인간이 A를 하기가 어려운 경우가 있습니다. 이런 사정을 아시는 하나님은 우리에게 지혜를 주셨습니다. 즉, A를 했다, 혹은 A가 이루어졌다고 '여기고(혹은 간주하고)' 그다음 행동을 하라는 것입니다. 성경에 나타난 '여기고' 패러다임 사례를 살펴보겠습니다.

이와 같이 너희도 너희 자신을 죄에 대하여는 죽은 자요 그리스도 예수 안에서 하나님께 대하여는 살아 있는 자로 **여길지어다**(롬 6:11)

내 형제들아 너희가 여러 가지 시험을 당하거든 온전히 기쁘게 **여기라**(약 1:2)

위의 구절에는 공통적으로 '무엇'을 이렇게 '여기라'는 말이 등장합니다. 성경에서 '여기라'라는 문구가 종종 등장하는 이유는 무엇일까요? 시간과 공간의 한계가 있을 뿐 아니라 영적 눈이 어두운 우리는 하나님이 우리를 위해 '이미' 이루어 놓으신 것을 인식하거나 느끼지 못하는 경우가 많습니다. 그래서 하나님은 우리에게 "너희는 알지 못하겠지만 내가 '무엇'에 관한 작업을 이미 다 이루어 놓았으니, 믿음으로 그렇게 '여기고' 그다음 행동을 하라"라고 하신 것입니다. '여기라'는 것은 구체적으로 하나님을 신뢰하며 하나님 앞에 겸손히 자신을 내려놓고 그분이 인도하시는 길을 따라오라는 권유입니다.

'여기고' 패러다임이 주장하는 결과는 대부분 개인적 사건인데, 시간이 흐른 후 확인할 수 있을 것입니다. '여기고' 패러다임과 짝을 이루는 것은 세월이 흐른 후 '돌이켜 보기'라 할 수 있겠습니다. 예를 들어, 위에서 언급한 로마서 6장 11절 "이와 같이 너희도 너희 자신을 죄에 대하여는 죽은 자요 그리스도 예수 안에서 하나님께 대하여는 살아 있는 자로 여길지어다"를 살펴보겠습니다. 이는 내가 아직 생물학적으로는 살아있어서 아직 죄에서 완전히 자유롭지 않지만, 하나님의 관점에서 나는 죄에 대해서는 죽은 것입니다. 즉 내가 죽은 자로 '간주되므로' 죄의 권세가 더 이상 나의 삶에 영향력을 행사하지 못하는 것입니다. 내가 어떤 죄의 유혹으로 죄를 범하려는 순간, "나는 죄에 대해서는 이미 죽은 자인데, 왜 내가 죄 지을 생각을 하고 있는 거야? 내가 아닌 내 속의 다른 무엇이 죄 지을 생각을 하는 것일 거야"라는 자각에 이르게 됩니다. 내가 죄에 대해 죽은 자로 간주하고 세월이 지나 신앙이 성숙한 후에 돌아보면, 그리스도 안에서 새 생명을 받았었음을 깨달을 수 있다는 것입니다.

또 다른 예로 "내 형제들아 너희가 여러 가지 시험을 당하거든 온전히 기쁘게 여기라"(약 1:2)는 말씀은, 지금은 여러 시험으로 어려움을 당하지만 이를 기쁨으로 '여기라'는 것입니다. 시험을 당할 때 기쁘게 여기는 것은 쉽지 않습니다. 시험을 당할 때 우리는 두려움과 좌절감에 빠지기 쉽습니다. 우리의 힘으로는 도저히 이겨낼 수 없는 것처럼 느껴질 수 있습니다. 하지만 하나님께서 이런 시험을 통해 이루고자 하시는 일이 이루어질 것입니다. 시간이 지나 상황이 호전된 후 뒤를 돌이켜 보면, 과거에 상황이 어려웠을 때도 기뻐해야 한다는 것이지요. 이런 마음가짐으로 시험을 맞이할 때 우리는 하나님께서 주시는 인내와 용기를 통해 시험을 극복하고 더욱 성숙한 그리스도인으로 성장할 수 있을 것입니다.

아마추어 골퍼들이 컴퓨터 스크린 앞에서 프로 골프선수의 멋진 스윙폼을 계속 돌려보는 '이미지 플레이'를 통해 스윙폼을 개선하는 것처럼, 우리도 하나님이 '여기라'고 말씀하신 것을 계속해서 행하면 언젠가는 그것이 현실로 다가올 것입니다. 우리가 생각의 공간에서 '여겼던' 것을 현실에서 인식하게 될 때, 하나님의 은혜와 사랑을 경험하게 될 것입니다.

'마하경영' 패러다임과 신앙

지난 2001년 삼성전자의 전 세계 매출은 약 243억 달러였습니다. 전년 대비 20퍼센트나 줄었습니다. 그 시절 몰아닥친 글로벌 경기 침체, 세계무역센터 9.11 테러, 2000년 즈음에 발생한 닷컴버블 붕괴 등 여러 요인으로 인해 국내외 경영 환경이 나빠졌습니다. 2001년 재무 결과는 삼성전자가 앞으로 직면할 도전이 만만치 않음을 보여주었습니다.

재무 숫자보다 더 심각한 것은 삼성 내부에 쌓인 만성적인 문제들이었습니다. 몇 제품을 제외하고는 경쟁사 대비 제품의 품질 경쟁력 열세, 수준 낮은 글로벌 부품 공급시스템, 창의적인 사고가 나올 수 없는 기업 문화 등 시급하게 혁신해야 할 항목들이 수두룩했습니다. 어느 하나 쉬운 해결책이 없었습니다.

삼성 그룹의 이건희 회장은 1995년 중국 베이징에서 열린 한국 특파원들과의 간담회에서 "정치는 4류, 관료 조직은 3류, 기업은 2류"라는 폭탄선언을 했습니다. 정치가 기업 발전의 발목을 잡는다는 뜻을 나타내고자 한 말이었습니다. 하지만 기업도 2류에 불과하다는 것을 진솔하게 고백한 것이죠. 이 회장의 발언 이후, 삼성은 반도체와 스마트폰·가전 부문에서 혁신을 거듭하며 성장했습니다. 삼성전자의 브랜드 가치는 2022년 기준 877억 달러로 세계 5위에 올랐습니다. 자신들이 2류에 불과하다는 냉정한 평가와 함께, 처절한 반성이 뒤따랐기 때문입니다.

사실 삼성의 반성과 혁신은, 베이징 발언보다 2년 앞서 나온 '프랑크푸르트 선언'이 출발점이었습니다. 이 회장은 1993년 6월 프랑크푸르트에서 각국 법인장을 불러 모은 후 "결국 내가 변해야 한다. 바꾸려면 철저히 바꿔야 한다. 극단적으로 얘기해 마누라와 자식만 빼고 다 바꿔야 한다"라고 일갈했습니다. 모든 것을 근본적으로 혁신하라는 주문이었습니다. 이와 같은 주문이 있었던 이유는, 여러 나라 전자 매장에서 삼성전자 주요 제품들이 먼지를 뒤집어 쓴 채 진열대 뒤편에 널브러져 있는 상황이 자주 목격되었기 때문이었습니다.

그 후 2002년 4월 사장단 회의에서 이건희 회장은 '마하 경영'이라는 도전적이고 실천적인 화두를 던지며 삼성이 진정한 초일류기업으로 거듭나기를 촉구했습니다.

"제트기가 초음속으로 날려고 하면 엔진 힘만 세다고 되는가? 재료공학부터 기초물리, 모든 재질과 소재가 바뀌어야 초음속으로 날 수 있다."

소리의 속도(음속)는 초당 343미터입니다. 속도를 나타내는 단위인 마하수Mach number는 음속에 비하여 속도가 얼마나 되는지를 나타내는 숫자입니다. 쉽게 말해서, 비행기가 마하 1.0의 속도로 날아가면, 서울에서 부산까지 약 20분에 갈 수 있는 매우 빠른 속도입니다. 비행체가 비행할 때 마하수 1.0을 넘는 경우(즉, 음속보다 빠른 속도로 비행하는 경우)를 초음속 비행이라고 합니다.

비행기가 음속을 돌파할 때 어떤 일이 발생할까요? 비행기의 속도가 음속에 가까워지게 되면, 기수나 날개의 앞쪽에 공기가 압축돼 '충격파'가 발생합니다. 이에 따라 양력이 줄어들거나 심한 진동이 일어나고 큰 소음이 발생합니다. 또한 속도가 빨라질수록 공기와 기체의 마찰에 의해 표면 온도가 상승하게 됩니다. 이 경우 기체 재료가 고열 때문에 강도가 약해지는 이른바 '열의 벽' 현상이 발생합니다. 충격파와 열의 벽 문제로 항공기 설계와 운영에서는 마하수가 아주 중요한 의미를 가집니다. 음속을 돌파하는 비행기를 만들려면, 엔진만 바꾼다고 되는 것이 아닙니다. 설계, 재질과 소재, 정비, 비행 능력, 부품 등 모든 것을 바꿔야 합니다.

'마하경영'이란 초음속 비행기를 만들려면 모든 것을 바꿔야 하는 것처럼, 삼성이 글로벌 초일류기업이 되려면 기업 체질과 구조를 근본적으로 바꿔야 한다는 것입니다. 마하경영 추진에 힘입어 삼성전자의 글로벌 매출은 지속적으로 증가하였습니다. 2022년 매출은 302조 원(2,340억 달러)을 기록하여 매출 기준 세계 최대 전자 기업이 되었습니다. 삼성전자는 2류에서 1류로, 다시 글로벌 초일류 기업으로 수직 상승했습니다. 그때와 지금의 삼성전자는 다른 기업이라고 해도 과언이 아닙니다. 매출액이 15배 늘어난 것보다 더 큰 발전은, 2022년 기준 삼성의 브랜드 가치는 877억 달러로 애플, 아마존, MS, 구글 다음으로 세계 5위라는 사실입니다.

마하경영 패러다임을 처음 접했을 때, 그리스도인의 신앙 성장에도 꼭 필요한 개념이라는 생각이 들었습니다. 언뜻 마하경영은 기업 전략의 영역에, 기독교 정신은 영적 영역에 뿌리를 둔 전혀 다른 개념처럼 보일 수 있습니다. 그러나 자세히 보면, 두 개념이 본질상 놀랍도록 유사하다는 것을 알 수 있습니다. 둘 다 단기적이고 부분적인 조정보다는, 장기적이고 총체적인 변화가 필요하다는 점입니다.

회사의 전략회의에서 누가 멋진 전략을 발표하면 모두 고개를 끄덕이며 동의합니다. 하지만 좋은 전략이라도 제대로 추진하지 않는다면, 그냥 종이에 프린트된 전략일 뿐 회사에는 아무 유익이 없습니다. 죽은 전략이지요.

믿음은 기독교 신앙의 핵심입니다. 문제는 행함이 뒤따르지 않는 믿음입니다. 성경은 "행함이 없는 믿음은 그 자체가 죽은 것이라"(약 2:17)라고 선언합니다. 믿음은 단순한 생각이나 느낌에 머무르지 않고, 우리의 일상생활에서 구체적인 삶과 실천으로 나타나야 합니다. 예를 들어, 하나님을 사랑한다는 믿음을 가지고 있다면, 이웃을 사랑하는 삶을 살아야 합니다. 또한 예수님을 믿는다면, 그분의 말씀을 실천하는 삶을 살아야겠지요. 헐벗고 굶주린 자에게 필요한 것을 주지 않으면서, 평안히 가라, 따뜻하게 지내라, 배부르게 먹으라 등의 립서비스만 한다면 아무런 유익이 없는 것처럼 말입니다.

성경은 온전한 믿음을 강조합니다. "믿음이 그의 행함과 함께 일하고 행함으로 믿음이 온전하게 되었느니라"(약 2:22)는 말씀은 행함이 동반되어야 우리의 믿음도 비로소 온전하게 된다는 것을 강조합니다. 믿음과 행함은 분리될 수 없으며, 서로 보완하고 강화하는 관계라야 한다는 것이죠. 믿음은 행함을 가능하게 하는 근거가 되고, 행함은 믿음을 증거합니다.

'마하경영'은 기업의 내부와 외부를 모두 아우르는 총체적 변신을 추구하는 경영 패러다임입니다. 진정한 그리스도인의 삶도 내적 확신인 믿음과, 믿음의 외적 증거인 행함을 포함한 총체적인 내용이 동반되어야 합니다. 신앙생활에서 '마하경영' 패러다임과 같은 총체적 접근은 개인의 영적 성장뿐 아니라, 사회에서 빛과 소금의 역할을 도모하려는 그리스도인에게 좋은 모델입니다.

레알 그리스도인, 예수쟁이

'쟁이'라는 말이 있습니다. 어떤 명사 뒤에 붙어 그 명사의 특징이 강하게 나타나는 사람을 나타내는 접미사입니다. 예를 들어 '욕심쟁이'는 욕심이 많은 사람을, '고집쟁이'는 고집이 센 사람을, '겁쟁이'는 겁이 많은 사람을, 그리고 '멋쟁이'는 멋을 아는 사람을 지칭합니다. 긍정적 의미보다는 비하하거나 부정적인 의미가 강합니다. 예를 들어 '욕심쟁이', '고집쟁이', '겁쟁이'는 모두 부정적인 성격의 말입니다. 반면 '멋쟁이'는 멋을 내는 사람을 뜻하기 때문에 긍정적인 의미를 가집니다.

나는 '쟁이'라는 말을 좋아합니다. 일반적으로 어떤 사람을 비하할 때 쓰는, 심지어는 욕설에 가까운 말인 '쟁이'를 왜 좋아할까요? '~쟁이'라는 짧은 말에 내가 누구인가를 잘 나타내는 정체성이 녹아 들어가 있기 때문입니다.

나는 기술을 업으로 하는 '기술쟁이', 더 자세히 말하자면 '컴퓨터쟁이'입니다. 그리고 '기술쟁이'와 더불어 또 하나의 정체성은 '예수쟁이'입니다. 예수쟁이는 종종 신실한 그리스도인을 조롱할 때 사용하는 비속어입니다. 언뜻 유쾌한 말로 들리지 않을지 모르지만, 레알 그리스도인에게는 영광스러운 호칭이 아닐까요? 나는 겉으로 경건과 열심의 무늬만 있는 이른바 '나이롱 신자'가 아닌, 진정 예수님을 사랑하고 따르는 '예수쟁이'이고 싶은 것입니다. 진정한 예수쟁이는 인격과 성품이 온전하고 긍휼이 풍부한 하나님의 마음으로 세상을 넉넉히 이길 능력을 갖추고 있으니까요.

요새는 '예수쟁이'란 말이 좀 뜸한 것 같습니다. 바람직한 현상인가요? 사람들이 점잖아져 말을 가려서 하기 때문일까요, 아니면 사람들 눈에 '예수쟁이'라고 불릴 만한 그리스도인을 찾아보기가 힘들어졌기 때문일까요?

그리스도인이 예수쟁이로서의 정체성을 확립하는 것이 왜 중요할까요? 죄와 유혹이 넘치는 물질 만능주의 세태 속에서 그리스도인의 정체성이 쉽게 흔들릴 수 있기 때문입니다. 예수쟁이로서의 정체성이 확립되면, 굳건한 믿음과 하나님의 도우심으로 세상의 빛과 소금의 사명을 넉넉히 감당할 수 있습니다.

우리의 본보기가 될 '예수쟁이'로 누구를 꼽을 수 있을까요? 나는 신약성경 사도행전에 나오는 스데반을 대표적인 '예수쟁이'로 꼽습니다. 스테반은 예수님이 십자가에 못 박혀 죽으신 후 부활하여 천국으로 오르신 직후 형성된 초기 기독교 공동체의 집사였습니다. 대단한 타이틀이나 명예가 있는 사람이 아니었죠. 요란스럽지 않고 평범했지만, 그의 영혼은 순수했고 하나님을 향한 열정과 타협하지 않는 믿음을 가지고 있었습니다. 스테반의 믿음과 말씀의 능력은 유대인 지도자 누구도 당할 수 없었습니다. 이에 기독교에 반감을 가진 몇몇 사람들은 그가 눈엣가시처럼 보였습니다. 결국 스테반을 제거하기 위해 거짓 증거를 만들어 그를 고발하여 공회로 끌고 갔습니다.

스테반은 공회에서 담대하게 유대인의 역사를 이야기하며 그들이 선지자들을 박해하고 예수님을 죽였다는 사실을 지적했습니다. 이 말에 분노한 군중은 그를 돌로 쳐 죽였습니다. 스테반은 그때 천국에서 하나님의 영광과 함께 예수님이 서서 그를 보고 계심을 보았습니다. 이렇게 참 예수쟁이 스테반은 기독교의 첫 순교자가 되었습니다. 예수쟁이로서의 정체성이 확고해지면 스테반처럼 하나님과 더욱 가까워지는 삶을 살게 됩니다.

이 세상에는 왜 참 예수쟁이보다는 뜨뜻미지근한 기독교인이 많을까요? 여러 이유가 있겠지만, 기본적으로 세상의 우상, 유혹과 시험에 넘어가기 때문입니다. 오늘날은 인간을 중심으로 세상을 바라보는 인본주의가 대세입니다. 맞고 그름이 없습니다. 각자가 생각하는 대로 행동합니다. 하나님을 내 말을 잘 듣고 내게 편리한 존재로 전락시키려 하고 있습니다. 종종 신앙이나 믿음보다는, 세속적 가치나 인간 중심적 가치가 더 강조됩니다. 많은 선행, 수련, 종교 행사 참여 등을 통해 구원에 이르고자 하는 이른바 '셀프 구원'을 시도하기도 합니다. 이 시도는 예외 없이 실패하고 맙니다.

성경은 인간이 자신의 어떤 노력으로도 구원을 얻을 수 없다는 점을 명확히 하고 있습니다. 신앙과 삶이 하나라는 것을 강조합니다. 그러나 오늘날 일부 기독교인들은 신앙과 삶을 분리하여 살아가고 있습니다. 교회에 출석하여 예배드리고, 웬만큼 큰 교회의 직분을 맡고, 헌금 및 봉사하는 것으로 그리스도인으로서 하나님께 '할 만큼 했다'는 사고를 가지고 있습니다. 하지만 진정한 신앙은 내 행위에 의해 적립되는 신용카드 포인트나 비행 마일리지처럼 운영되는 것이 아닙니다.

어느 한국 대기업에서 그리스도인의 의식을 가늠할 수 있는 기막힌 현실을 경험한 적이 있습니다. 기업 신우회에 강연차 참석해서 참석자 현황을 들어보니까 직원만 있고 임원은 없었습니다. 신우회에 오랫동안 참석해 온 직원이 연말에 승진하여 임원이 되면, 그 후에는 신우회에 참석하지 않는다는 것입니다. 왜냐고요? 자기가 그리스도인이라는 사실이 회사 경영진에 알려지면, 인사상 불이익을 받지 않을까 하는 염려 때문이라고 합니다. 기독교인이 전 국민의 20퍼센트를 넘는다는 한국에서 목격한 서글픈 광경입니다. 더욱 슬픈 것은, 임원으로 승진한 그 사람이 아주 신실한 그리스도인으로 주위에 알려져 있다는 사실입니다. 하지만 예수쟁이와는 거리가 먼 것 같습니다.

　예수쟁이는 영적으로 외롭습니다. 세상에서 친구가 없다는 말이 아니라, 세상적인 것으로는 그의 영혼을 결코 만족시킬 수 없기 때문입니다. 오직 하나님이 주시는 것으로만 영혼을 채울 수 있고 위로를 받을 수 있습니다. 예수쟁이는 세상에서 자기의 정체성을 확실히 드러내고, 신앙을 삶으로 실천하는 사람입니다. 세상의 유혹이나 그릇된 풍조에 흔들리지 않습니다. 부활하신 예수님이 우리에게 처음 던지신 질문 "평안하냐?"에 대해 "네"라고 대답할 수 있는 삶을 살아갑니다. 예수님의 기뻐하시는 뜻이 생각과 행동에서 묻어 나와야 합니다. 하나님은 이런 예수쟁이에게 얼굴을 돌리며 미소 지으십니다.

소금이 그 맛을 잃으면

TV 건강 코너에서 소금 섭취는 건강에 해롭다는 뉘앙스의 말을 종종 듣습니다. 소금이 건강의 적으로 전락한 듯한 느낌입니다. 반면 음식을 끊고 단식하는 사람도 꼭 섭취해야 하는 것은 소금이라고 합니다. 그만큼 소금은 생명에 필수적 요소입니다.

소금은 여러 기능을 가지고 있지만, 그중에서도 생명을 유지하는 데 필수적인 역할을 합니다. 물이나 공기처럼 절대적으로 필요한 물질입니다. 세포 안의 수분 농도가 밖보다 높으면 세포 안으로 물이 이동하고, 밖의 수분 농도가 높으면 세포 밖으로 물이 이동합니다. 이를 삼투압 현상이라고 하는데, 적정 삼투압이 유지되지 않으면 생명체의 세포는 수축하거나 팽창하여 파괴됩니다. 소금은 세포 안의 수분 농도를 조절하여 적정 삼투압을 유지하도록 합니다. 또한 소금은 신경 전달, 근육 수축, 혈액 응고, 체온 조절 등 다양한 생명 활동에 필수적인 역할을 하므로 생명체의 생명 유지를 위해 없어서는 안 될 중요한 물질입니다.

소금은 생명 유지뿐 아니라 썩는 것을 방지하는 방부제 역할을 합니다. 고기나 생선을 장기간 저장할 때 소금에 절입니다. 소금은 어떻게 식품이 부패하는 것을 방지할까요? 음식물을 부패시키는 박테리아 및 미생물의 번식에 필요한 수분을 제거해 번식을 막아 줍니다. 혹은 음식물의 소금 농도를 박테리아의 소금 농도보다 높게 하여 생기는 삼투압 차이로 박테리아를 죽게 하거나 번식하기 힘들게 만드는 것입니다. 소금은 식품이 부패하는 것을 방지하는 자연스럽고 효과적이며 저렴한 방법이므로 오랜 세월동안 식품 방부제로 사용되어 왔습니다.

생명체 유지와 부패 방지를 위해 필요한 소금과, 성경에서 '세상의 소금'이라고 일컫는 그리스도인은 어떤 유사성이 있을까요? 신약성경의 4권의 복음서 중 3권에서 예수님은 제자들에게 세상에서 소금의 역할을 다할 것을 당부하십니다. "너희는 세상의 소금이니 소금이 만일 그 맛을 잃으면 무엇으로 짜게 하리요?" 그리스도인이 세상에서 어떤 역할을 감당해야 하는지 시사하고 있습니다.

진정한 그리스도인은 세상의 악과 부패에 아주 민감합니다. 예수님이 제자들에게 "너희는 세상의 소금"이라고 하신 것도 제자들에게 보다 높은 도덕성과 세상에 대한 특별한 책임과 사명이 주어졌다는 것을 강조하신 말씀입니다. 소금이 박테리아가 사는 환경에서 수분을 제거해 식품의 부패를 방지하듯, 세상의 소금인 그리스도인은 죄악이 창궐하지 못하도록 주어진 역할을 감당해야 합니다.

소금은 부패를 방지하는 강력한 방부제이므로 하나님은 다윗과 그의 백성들과 맺은 변치 않는 영원한 언약을 묘사하는 데도 사용하셨습니다. "이는 여호와 앞에 너와 네 후손에게 영원한 소금 언약이니라"(민 18:19). 소금이 부패를 방지하는 방부제로 사용되듯, 그리스도인은 타락한 세상에서 순결과 의를 상징하는 세상의 소금이 되도록 부름을 받은 존재입니다.

세상의 소금이 되라는 예수님의 당부는 가볍지 않습니다. 우리가 이 당부에 응답한다면, 생각하고 행동하는 방식뿐 아니라, 부패한 세상을 변화시킬 만한 거룩함과 의로움을 갖추고 있는지에 대해서도 깊이 성찰해야 합니다. 바닷물의 소금 함량은 3.5퍼센트에 지나지 않습니다. 나머지 96.5퍼센트는 물입니다. 바다에는 각종 쓰레기와 오물이 많이 있지만, 3.5퍼센트의 소금만으로도 그 넓은 바다가 썩지 않습니다. 소금의 작용이 얼마나 강력한지를 상징적으로 보여 줍니다.

그리스도인이 담당하는 개인과 사회의 신앙적, 도덕적 가치가 소멸되지 않도록 하는 방부제 역할은 예수님의 "너희는 세상의 소금이다"라는 선언에서 비롯됩니다. 한국에서 기독교인의 비율은 전체 인구의 20퍼센트에 육박하고 있습니다. 양적으로도 세상의 소금 역할을 할 수 있는 충분한 비율입니다. 그러나 최근 들어 세상은 점점 더 부패하고 타락해 가고 있습니다. 물질 만능과 개인 이기주의가 모든 영역에서 활개를 치고 있습니다. 우리 사회 곳곳에 퍼져있는 이 땅의 그리스도인은 왜 세상의 소금 역할을 감당하지 못하고 있을까요?

소금은 아무리 적은 양이라도 음식 맛을 바꾸는 능력이 있습니다. 소금 자신은 녹아 없어지지만 음식에 스며들어가 맛을 냅니다. 우리는 음식 맛을 볼 때 비로소 '아, 여기에 소금이 들어 있구나'라고 느낍니다. 어느 조직이든, 열 명 중에 한 사람이라도 '소금 같은' 신실한 그리스도인이 있으면 그 조직은 부패와 타락으로 향하는 내리막길에서 벗어날 수 있습니다. 그리스도인은 믿음과 행동을 통해 세상에 풍미를 더할 수 있는 영향력을 가지고 있습니다. 이웃에 선한 영향력을 미치는 확실한 방법은 '은혜로운' 말과 행동입니다. "여러분의 말은 소금으로 맛을 내어 언제나 은혜가 넘쳐야 합니다"(골 4:6, 새번역).

소금이 음식에 맛을 더하는 데 사용되듯이, 그리스도인은 세상의 온전함과 거룩함을 회복시키는 데 마중물이 되어야 합니다.

하나님 모습 보여 주기

이 글은 제2차 세계 대전 당시 폴란드에 살았던 5살 유대인 소녀 '리나 퀸트Rena Quint'에 대한 스토리에서 출발합니다. 리나는 1935년, 부모와 오빠 둘이 있는 부유한 가정에서 막내로 태어났습니다.

2차 대전은 나치 독일이 폴란드를 공격함으로써 시작되었습니다. 1939년 9월 1일 나치 독일이 폴란드를 침공한 이후, 약 1개월 만인 1939년 10월 6일 폴란드 수도 바르샤바가 함락되면서 폴란드 전역이 나치 독일에 점령당했습니다.

나치 독일이 폴란드를 점령한 후, 폴란드 유대인들은 대규모 학살과 집단 강제 이주 등 엄청난 박해와 탄압을 받았습니다. 나치는 폴란드 주요 도시에 유대인 집단 거주지인 '게토ghetto'를 설치하고 유대인들을 강제로 이주시켰습니다. 가장 잘 알려진 바르샤바 게토에는 45만 명 이상의 유대인이 가혹한 환경에 갇혔습니다. 폴란드 유대인 커뮤니티는 홀로코스트로 인해 거의 완전히 파괴되었습니다. 전쟁 전 폴란드에 거주했던 약 300만 명의 유대인 중 90% 이상이 학살된 것으로 추정됩니다.

1942년 10월, 게토에 수용되어 있던 리나의 어머니와 두 오빠는 폴란드 '트레블링카Treblinka' 집단 학살수용소로 강제 이동되어 살해되었습니다. 아직 7살이 채 안 된 리나는 아버지와 함께 독일에 있는 '베르겐-벨젠Bergen-Belsen' 강제수용소로 이송되었습니다. 이 수용소는 안네 프랑크가 강제 수용 중 사망한 곳이기도 합니다. 강제수용소에 도착한 후, 아버지와 리나는 각각 헤어져 다른 곳에 수용될 예정이었습니다.

아버지는 이제 헤어지면 다시 만나기 어려우리라는 것을 직감했습니다. 아버지는 리나에게 사진 몇 장을 손에 꼭 쥐여 주었습니다. 가족사진이었습니다. 잘 간직해서 부모와 오빠들 얼굴을 기억하고 있다가 나중에 전쟁이 끝나면 다시 보자는 말과 함께. 리나에게 그 사진들은 중요했지요. 그래서 그것들을 손에 꼭 쥐고 있었습니다. 리나는 그때가 아버지를 마지막으로 본 순간이었습니다. 그리고 강제로 헤어지게 되었습니다.

그런데 무슨 일이 일어났을까요? 강제수용소로 보내진 사람들은 모든 옷이 벗겨지고 소지품은 압수된 후 가스실로 보내집니다. 그런데 가끔 다이아몬드와 같은 귀중품을 잃지 않기 위해서 탈의 후에도 그것을 손에 꼭 쥐고 있는 사람들이 있었습니다. 물론 이것도 모두 뺏기게 되어 있지요.

이 소녀도 아버지가 손에 쥐여 준 사진을 감추기 위해서 사진들을 손에 꼭 쥐었습니다. 그런데 그것을 바라본 독일 경비병이 이 꼬마 소녀가 무슨 귀중품을 손에 감추고 있는 줄 알고 손을 펴라고 명령했습니다. 경비병은 매우 실망했습니다. 왜냐하면 그것은 단지 엄마, 아빠, 그리고 세 자녀의 모습이 담긴 구겨진 가족사진이었기 때문입니다. 그는 그 사진들을 갈기갈기 찢어 길에 던졌습니다. 리나는 너무나 소중한 것을 잃어버렸습니다. 그 사진을 가지고 있어야만 나중에 엄마, 아빠, 오빠들이 어떻게 생겼는지 이미지를 알 수 있었기 때문입니다.

그 뒤 리나의 아버지는 강제 수용소에서 살해당했고, 리나는 홀로 남겨졌습니다. 전쟁이 끝난 후 1946년, 11살의 리나는 미국으로 이주해 어느 집에 입양되었습니다.

리나가 3살 반이 되었을 때 전쟁이 시작되었기 때문에 그녀는 엄마, 아빠, 오빠들이 어떻게 생겼는지 기억하지 못했습니다. 리나는 그들의 얼굴 이미지를 떠올릴 수 없었습니다. 미국에 와서 자기 가족이 담긴 사진을 구하려고 친지와 관계 기관들을 소수문하는 등 갖은 노력을 기울였지만 허사였습니다.

리나는 엄마, 아빠, 오빠들의 모습을 떠올리기 위해 노력했습니다. 만약 자신의 아이들과 손주들이 그녀의 엄마, 아빠, 오빠들의 유전자 일부를 가지고 있다면 그들의 얼굴에서 가족의 얼굴 모습이 나타날 가능성이 있다고 생각했습니다. 리나는 이 가능성을 통해 가족의 얼굴을 기억해 내려고 오랜 기간 동안 시도했습니다. 하지만 안타깝게도 성공하지 못했습니다.

리나가 자신의 가족의 모습을 떠올리는 데 어려움을 겪었던 것처럼, 사람들도 하나님의 모습을 떠올리기 어려워할 수 있습니다. 성경에 이와 유사한 스토리가 소개됩니다. 사람들이 예수님께 하나님을 직접 보여 달라고 요구한 사례들이 나옵니다. 대표적인 예가 요한복음 14장입니다.

빌립이 예수님께 "주여 아버지(하나님)를 우리에게 보여 주옵소서"라고 요청합니다(요 14:8-9). 이에 대해 예수님은 "빌립아 내가 이렇게 오래 너희와 함께 있으되 네가 나를 알지 못하느냐 나를 본 자는 아버지를 보았거늘 어찌하여 아버지를 보이라 하느냐"라고 대답하십니다. 하나님의 속성을 지니고 계신 예수님 자체가 곧 하나님이심을 드러내신 것입니다.

예수님은 그리스도인에게 세상의 '빛과 소금'이 되라고 말씀하십니다. 그들의 말과 행동이 세상의 어두움을 밝히는 빛이 되어야 하며, 소금처럼 순결하고 거룩해야 한다는 것입니다. 왜일까요? 그래야 그리스도인에게서 하나님의 모습이 보일 수 있기 때문입니다. 사람들은 그리스도인 개개인이 어떻게 살아가는지를 지켜보며, 그들을 통해 하나님의 모습을 간접적으로나마 엿보기를 원합니다. 우리의 말과 행동에서 하나님의 모습이 겨자씨만큼이라도 보입니까? 사람들에게서 "저 사람을 보면 정말 사랑의 하나님이 존재하는 것 같아. 나도 저 사람이 믿는 하나님을 믿어 보고 싶다"와 같은 고백을 들을 수 있을까요?

 리나는 자신의 자녀들을 통해서 가족의 모습을 떠올리지 못했지만, 세상 사람들은 하나님의 자녀인 그리스도인을 통해서 하나님의 모습을 엿볼 수 있기를 희망합니다.

모래시계의 교훈

시계의 시침, 분침, 초침은 현재 시각을 나타냅니다. 세 개의 침들은 원을 그리며 계속 돌고 있습니다. 우리는 시간이 흘러가고 있다는 것을 체감하지 못합니다. 어떤 사람들은 시간이 영원할 것이라는 착각을 하며 오늘을 살아갑니다.

모래시계는 시간의 흐름을 나타내는 도구입니다. 두 개의 투명한 유리 용기로 구성되어 있습니다. 모래가 위쪽에서 아래쪽으로 흘러가면서 시간을 측정할 수 있게 해줍니다. 사용자는 유리를 통해, 위쪽 용기에 남은 모래의 양과 아래쪽 용기에 쌓인 모래의 양을 확인할 수 있습니다.

종종 인생을 모래시계에 비유합니다. 반은 맞고 반은 틀린 말입니다. 아래쪽 용기에 쌓인 모래의 양을 보면, 지금까지 얼마를 살았는지 알 수 있습니다. 인생이 모래시계와 다른 점은,

모래시계는 위쪽 용기에 모래가 얼마나 남아 있는지가 보이지만, 인생은 남은 날이 얼마인지를 모른다는 것입니다. 그러니까 인생의 모래시계는 위쪽 용기의 내부가 보이지 않도록 불투명하게 칠한 것입니다.

유리병에 담긴 모래의 양만큼 흘러 내려가는 모래시계처럼, 우리는 정해진 인생의 시간 안에서 살고 있습니다. 말하자면, 우리는 태어날 때 각자 자기의 모래시계를 가지고 태어났습니다. 다만 이 모래시계는 위쪽 용기가 불투명해서 모래 알갱이가 얼마나 남았는지 모르는 것이죠. 모래시계에서 한 알 한 알 떨어지는 모래알이 내 삶의 순간순간들입니다. 시계의 크기, 모래 알갱이의 크기, 모래가 떨어지는 속도는 사람마다 다릅니다. 위쪽 용기에 있는 모래가 다 떨어지면 인생도 마감됩니다. 매 순간 떨어지고 있는 모래알 하나하나가 그렇게 소중할 수가 없습니다.

고대 그리스 철학자들은 시간의 본질에 대해 많은 성찰을 했습니다. 기원전 4세기의 디오게네스는 "시간은 인간이 쓸 수 있는 것 중에서 가장 소중한 것"이라고 말했습니다. 또 기원전 5세기 희극작가 소포클래스는 그의 작품 「안티고네 Antigone」에서 "네가 헛되이 보낸 오늘은, 어제 죽은 이가 그토록 그리던 내일이다"라고 말했습니다. 그리고 희곡 「오이디푸스 왕Oidipous Tyrannos」에서는 "현명한 사람은 오늘이 어제의 내일이라는 것을 안다"라고 말했습니다. 이는 모두 인생은 유한

하고 시간은 귀중한 자산이므로 오늘을 소중히 여겨야 한다는 주장입니다.

16세기 르네상스 시대의 독일 화가 '한스 발둥Hans Baldung'은 인간의 욕망, 삶과 죽음 등을 주제로 복잡한 구성과 기이한 분위기의 작품들을 많이 그렸습니다. 그중 하나가 〈인생의 세 시기와 죽음The Three Ages of Woman and Death〉이라는 제목의 그림입니다.

이 그림은 인생의 세 시기를 죽음의 시점에서 바라보고 있습니다. 아기는 인생의 시작을, 젊은 여성은 인생의 중간을, 노인은 인생의 끝을 나타냅니다. 노인 옆에 기괴하고 흉측한 해골의 모습으로 묘사된 인물이 있는데, 바로 죽음을 상징합니다. 죽음의 해골은 모래시계를 들고 있습니다. 해골은 모래시계를 계속 보면서 노인의 팔을 잡아당기고 있습니다. 또 이 노인은 처녀의 어깨와 옷을 붙잡고 있습니다.

이 그림은 인생이 잠시뿐이라는 것과 죽음이 끊임없이 다가오고 있음을 상기시킵니다. 특히, 해골로 표현된 죽음이 손에 든 모래시계는 매우 인상적입니다. 이 모래시계는 그림에서 강렬한 메시지를 전달하는 핵심 요소로, 인간의 삶, 시간의 흐름, 그리고 죽음의 불가피함을 암시하고 있습니다.

발둥의 그림에서 모래시계는 단순히 시간의 흐름을 의미하는 것 이상의 깊은 상징성을 갖고 있습니다. 해골이 모래시계를 들고 있는 모습은, 죽음이 우리 인생의 시간을 지배하고 있다는 메시지를 전합니다. 모든 인간은 태어날 때부터 각자에게 주어진 모래시계에서 모래가 흐르기 시작해 그 모래의 흐름이 그치면 죽음을 맞이하게 됩니다.

세 여성 앞에서 해골은 모래시계를 높이 들어, 시간의 무게와 죽음의 필연성을 계속 상기시켜 줍니다. 우리는 삶을 즐기며 하루하루 살아가지만, 죽음은 자기의 존재를 잊어서는 안 된다는 메시지를 큰 소리로 계속 외쳐대고 있습니다. 이 소리에 인간은 주눅이 들어 한마디 대꾸도 못하고 인생 내내 죽음을 상전으로 모시고 살아갑니다.

하나님은 시간을 창조하셨습니다. 하나님은 시간 영역 밖에 존재하시므로 시간의 제약을 받지 않으십니다. 우리가 그림을 볼 때 전체 이미지를 한눈에 보듯, 하나님은 전체 시간을 한눈에 펼쳐보고 계십니다. 그러므로 하나님에게는 과거, 현재, 미래라는 시간적 구분이 존재하지 않습니다.

모든 인간은 각자 자기의 모래시계를 가지고 죽음을 향해 달려가고 있지만, 하나님을 믿음으로 구원과 영생을 얻은 사람은 죽음을 넘어 영원히 존재합니다. 죽음이 모래시계를 들고 더 이상 겁박하는 일은 없게 되었습니다.

오른손잡이가 바른손잡이인 사회

'바른손잡이'라는 말을 들어보셨나요? 이는 주로 오른손을 사용하여 일하는 사람들을 가리키는 말로, '오른손잡이'와 같은 의미입니다.

그렇다면 왜 '오른손잡이'를 '바른손잡이'라고 부를까요? 이는 사회적 관행에서 비롯된 것입니다. 사회에서는 보편적으로 더 많이 사용되는 것을 '표준'으로 여기며, '바른'에는 '정상'이라는 뜻도 포함되어 있습니다. 그렇기 때문에 다수의 행동이나 특성을 '정상'이나 '옳은 것'으로 여기는 경향이 있습니다.

다른 영역에서도 다수의 존재가 '표준'과 그렇지 않은 것을 구분 짓는 경우가 있습니다. 예를 들면, 표준어와 방언입니다. 많은 국가에서, 주요 도시나 주류 사회에서 사용되는 언어를 '표준어'로 채택합니다. 이러한 결정으로 인해 다른 지역의 방언이나 소수 언어가 '비표준'으로 전락하게 됩니다. 또 하나의 예로 음식과 식습관을 들 수 있습니다. 미국이나 유럽 국가들에서 포크와 나이프는 '표준식기(바른 식기)'로 여겨집니다. 그 지역에서는 대부분 그것들을 사용하니까요. 반면에 젓가락이나 다른 식기구로 음식을 먹는 식습관이 서구에서는 '비정상'으로 여겨질 수 있습니다.

어느 더운 여름날, 일본에서 스시집에 들어갔습니다. 자리에 앉아 스시 몇 점과 아이스 콜라를 주문했습니다. 그 순간, 내 앞에 서 있던 셰프들이 웃음을 빵 터뜨렸습니다. 영문을 몰라 당황했습니다. 나중에 이유를 알고 보니, 스시집에서는 뜨거운 오차를 마셔야지 콜라는 안 맞는다는 것입니다. 거의 모든 일본인 손님이 오차를 마시니까 이해는 됩니다. 거기서는 뜨거운 오차는 '바른 음료', 콜라는 '비정상 음료'가 된 셈입니다. 그렇지만 더워서 목이 타는 나에게는 뜨거운 오차보다는 시원한 콜라가 더 필요했습니다.

우리 사회는 '표준'을 존중합니다. 과학적인 표준은 당연히 그래야지요. 표준이 만들어내는 편의와 효율 때문입니다. 그런데 우리의 잠재의식 속에, 편의를 위해 만든 '표준'을 '정상'과 동일시하는 생각이 자리를 잡게 되었습니다. '표준'을 벗어나면 '비정상'으로 취급받는 것이죠. '바른'손잡이란 말도 이런 맥락에서 생긴 것입니다.

사람은 3~5세가 되면 뚜렷하게 한쪽 손을 많이 쓰게 되며, 5세 이후가 되면 오른손잡이인지 왼손잡이인지를 정확히 알 수 있다고 합니다. 세계 인구 4명 중 1명은 왼손잡이로 태어납니다. 하지만 10~12퍼센트만이 이를 유지한다고 합니다. 한국은 오른손잡이가 88퍼센트, 왼손잡이가 5퍼센트, 양손잡이가 8퍼센트 내외라고 합니다. 왼손잡이 가운데 왼손으로 밥을 먹는 사람은 전 국민의 3퍼센트, 왼손으로 글씨를 쓰는 사람은 1퍼센트에 그친다고 합니다. 우리나라의 왼손잡이 비율이 세계 평균을 크게 밑도는 이유는 왼손잡이에 대한 사회적 편견 때문입니다. 식사, 인사 등 일상 행동에 왼손 사용을 금기시하는 아랍권에서는 왼손잡이가 1퍼센트에 불과하다고 합니다.

왼손잡이에 대한 편견은 여러 문화에서 발견되며 그 뿌리가 깊습니다. 라틴어에서 왼손잡이를 뜻하는 '시니스터sinister'는 '불길하다'의 동의어인 반면, 오른손잡이를 뜻하는 '덱스터dexter'는 '능숙하다'라는 의미를 가지고 있습니다. 영어 단어들의 어원을 살펴보면, 'left'는 고대 영어에서 'lyft'로 '약한' 또는 '어리석은'을 의미했으며, 'right'의 고대 영어 단어 'riht'는 '올바른'을 의미했습니다. 국어에서도 비슷한 인식을 찾아볼 수 있습니다. 우리말에서 '오른'은 '옳다'라는 말에서 나왔고, '왼'의 원형인 '외다'는 '물건이 좌우가 뒤바뀌어 놓여서 쓰기에 불편하다', '마음이 꼬여 있다'를 뜻한다고 합니다.

과거에는 오른손을 '바른손'이라고 정의하며, 왼손을 부정적으로 보는 문화가 있었습니다. 왼손을 주로 쓴다고 해서 바르지 않은 것도 아닌데 말입니다. 왼손잡이 아이들에게, 오른손이 '바른손'이니까 힘들더라도 오른손을 쓰도록 노력하라고 권유하곤 했습니다. 그 결과 자신이 왼손잡이임을 숨기는 아이들도 있었죠.

지금은 왼손잡이를 차별하지 않는 시대입니다. 나의 손자는 왼손잡이로 태어났습니다. 서너 살쯤 알게 되었습니다. 늦기 전에 빨리 오른손잡이로 교정해 주라고 조언하는 분도 있었습니다. 그분께 말했습니다. "세상에 훌륭한 사람들 중에 왼손잡이가 얼마나 많은데요. 왼손을 잘 쓰는 건 하나님이 주신 귀한 선물입니다"라고요. 손자는 왼손을 참 잘 씁니다. 최근에 사준 왼손잡이용 어린이 젓가락을 잘 사용합니다. 왼손으로 글씨도 참 잘 씁니다. 손자의 경우는 왼손이 '바른손'이라고 말할 수 있겠지요.

오른손잡이가 표준이었던 지난날, 세계 인구의 약 10퍼센트를 차지하는 소수 집단인 왼손잡이 사람들은 어느 정도의 불편함을 안고 살았습니다. 단순한 물리적인 불편함에서 사회적, 문화적 면까지 이르렀습니다.

인류의 역사 속에서 일상의 많은 도구나 설비는 오른손잡이에게 최적화되어 제작되었습니다. 왼손잡이들은 일상에서 불편함을 느끼며 살아왔습니다. 가위, 문의 손잡이, 마우스, 컴퓨터 키보드 등 일상의 도구들은 대부분 오른손잡이를 기준으로 설계되었습니다. 문의 손잡이를 돌릴 때 문과 부딪히거나,

가위로 종이를 자르면 손이 아프거나, 펜으로 글을 쓸 때 손이 떨리거나, 컴퓨터 키보드를 사용할 때 오타가 많이 나는 등의 문제가 발생합니다. 왼손잡이들은 학교나 직장에서도 불편을 겪을 수 있습니다. 교실의 책상이나 의자는 대부분 오른손잡이 기준으로 설계되어 있어, 왼손잡이들은 의자가 불편하거나 책상 위의 물건을 꺼내기 어려울 수 있습니다.

왼손잡이로 태어난 사람들은 특별한 능력과 잠재력이 있을 수 있습니다. 그들의 뇌는 오른손잡이와는 조금 다른 방식으로 작동하기 때문에 예술, 음악, 과학 등 다양한 분야에서 뛰어난 성과를 내는 경우가 많습니다. 그들의 잠재력을 제대로 발휘하기 위해서는 적절한 환경과 지원이 필요합니다.

특수 영역에도 왼손잡이와 같은 소수자들이 있습니다. 예컨대 예술 영재들입니다. 오늘날의 '한국예술종합학교'는 예술영재들에게 실기 중심의 특수학교를 제공하기 위해 1991년 당시 이어령 문화부 장관이 국무회의에서 5분간 연설한 결과로 설립되었습니다. 이런 일이 없었다면 아마 오늘날 손열음, 임윤찬, 신지아, 강주미 같은 음악가의 연주를 보기 어려웠을지도 모릅니다. 이어령 장관의 연설은 다음과 같았습니다.

"오해하지 마십시오. 예술 영재를 위한 특수학교를 만들어야 한다는 것은 그들에게 어떤 특권이나 우월한 지위를 주자는 것이 아닙니다. 천부의 예술적 재능을 지니고 태어났다는 것은 행운이 아니라 '장애인' 같은 고난의 핸디캡을 지니고

이 세상에 온 존재라는 것이지요. 나는 지금 앞을 보지 못하거나 말을 하지 못하는 장애인을 위해서 맹아학교, 농아학교를 만들어 달라는 것과 같은 절박한 얘기를 하고 있는 겁니다. 여러분이 사랑하는 베토벤이나 모차르트 같은 위대한 예술가들의 일생을 생각해 보세요. 그들이 만약 하늘이 주신 음악의 재능을 살리지 못했더라면 과연 이 세상에서 살아갈 수 있었을까요."

이어령 장관은 그의 예리한 눈으로, 예술 영재를 '장애인' 혹은 사회가 외면하기 쉬운 '비정상적' 소수자로 본 것입니다. 소수자들은 종종 그들의 능력을 제대로 발휘하지 못하는 환경에서 살아가기도 합니다. 포용의 마음으로 장애인 혹은 다양한 영역의 소수자들에게도 접근성 향상, 교육 자원을 적절히 제공해야 합니다.

지금은 21세기, 다양성의 시대입니다. 다양성은 최대한 존중되어야 합니다. 다만 다양성을 최대한 보장하기 위해 '방종'이 다양성의 동의어로 변질되는 것은 막아야 합니다. 최근 '자유'라는 이름으로, 아무것도 절제하지 않고 각자가 생각하고 행동하는 모든 것이 옳다고 주장하는 사람들이 있습니다. 옳고 그름이 없습니다. 포용성 있고 인간적으로 보입니다. 하지만 그 이면에는 절대 진리는 없고 모든 것을 포용한다는 무서운 포퓰리즘이 자리 잡고 있으며, 방종을 넘어 파괴적이기도 합니다. 자동차가 도로 상에서 달리는 한, 어느 선으로 달리든지 자유이지만, 인도로 들어가 달리는 것은 자유가 아니고 범죄입니다. 타인의 자유나 사회 질서를 해치는 행위는 다양성이나 자유의 이름으로 정당화될 수 없습니다.

세상은 다양한 색깔의 사람들로 구성되어 있으며, 그들만의 고유한 매력과 가치를 지니고 있습니다. 우리 사회에도 언젠가 남에 대한 배려와 나와 다른 것도 포용하는 문화가 정착되는 날이 오기를 기대합니다. 그날엔 오른손잡이뿐 아니라, 왼손잡이도 바른손잡이로 불리게 되기를….

마이크로스트레스 탈피하기

　　　　　　　　　　물질과 성공이라는 우상을 숭배하는 현대 사회는, 따뜻함과 배려보다 치열한 경쟁과 각자도생 문화가 대세를 이루고 있습니다. 평안보다 스트레스로 채워지는 마음은 점차 피폐해져 갑니다. 정보화 시대에 SNS가 발전하면서 더욱 심해졌습니다. 자극적이고 새로운 정보가 넘쳐나면서 마우스 클릭 속도가 점점 빨라집니다. 나를 띄우고 인정받기 위해 SNS에 남보다 먼저 스토리를 포스팅해야 한다는 강박관념으로 마음이 바쁩니다. 피곤과 불안이 우리를 스토킹하듯 바짝 따라다닙니다.

　'스트레스'는 사람이 경험할 수 있는 정신적 압박이나 긴장을 의미합니다. 중요한 회사 발표 준비, 승진에서의 탈락 위험, 주식 투자 손실, 심각한 질병 치료 등 중대한 사건들로 인한 중압감이 대표적인 예입니다.

이것들은 어느 기간 동안 지속됩니다. 그럴 때 불면증에 시달리고, 잦은 편두통이나 소화 불량을 경험하며, 살이 많이 찌거나 빠질 수 있는데, 본인은 이러한 신체적, 정신적 고통의 원인을 잘 알고 있을 터입니다. 이런 심각한 스트레스와 달리, 어떤 경우는 신체적, 정신적 고통에 시달리는데도 왜 스트레스를 받는지 정확한 원인을 모르는 경우도 있습니다.

종종 일시적이고 짜증 나는 일이 생깁니다. 스트레스라고 부르기에는 사소하게 느껴지는 소소한 것입니다. 바로 '마이크로스트레스'입니다. 예를 들어, 퇴근했는데 상사가 연락해서 일을 시킨다든지, 아내가 아이를 유치원에서 픽업하기로 했는데 못 한다고 연락이 와서 내가 가야 한다든지, 며칠 동안 작업한 파일이 실수로 지워졌을 경우 등입니다. 오래 지속되는 스트레스는 아니지만 짜증이 나는 상황이지요. 일상생활에서 심심찮게 일어나는 일입니다. 사실 그 자체로는 별 문제가 되지 않을 수 있습니다. 큰 스트레스와 달리, 당장은 신체적 또는 정신적으로 심각한 문제를 일으키지는 않으니까요.

마이크로스트레스의 요인은 미미하므로 보통 무시합니다. 하지만 하루에 여러 마이크로스트레스 요인을 경험한다면 치명적일 수 있습니다. 권투 선수가 강한 펀치 한 방에 녹다운 되는 것과 마찬가지로, 가벼운 잽과 같은 잔 펀치도 여러 번 계속해서 맞으면 치명적일 수 있습니다. "가랑비에 옷 젖는다"라는 말이 있습니다. 가늘고 조용히 내리는 비에 처음에는 옷이 젖는다는 것을 느끼지 못할 수 있지만, 오래 지속되면 축축하게 젖게 됩니다. 이 말은 겉으로는 크게 느껴지지 않는 작은 일들도, 그것이 쌓이면 결국 무시할 수 없는 큰 결과를 초래한다는 의미를 담고 있습니다. 마이크로스트레스가 바로 이 경우에 해당됩니다. 또 다른 스트레스 요인들과 결합되어 정신적, 신체적 건강에 상당히 나쁜 영향을 미칠 수 있습니다. 신체적으로는 근육 긴장, 두통, 소화 불량, 수면 장애 등의 증상이 나타날 수 있고, 정신적으로는 불안, 우울, 피로, 집중력 저하 등의 증상이 나타날 수 있습니다.

마이크로스트레스가 심각한 이유는 무엇일까요? 증상이 악화되어 고통이 심해지기 전까지는 마이크로스트레스로 인한 폐해를 감지하기 어렵다는 것입니다. 비유컨대, 폐암은 자각 증상이 없기 때문에 초기 발견이 매우 어렵다는 것과 유사하지요. 뉴욕 대학의 행동 신경학자인 '조엘 살리나스Joel Salinas'는 마이크로스트레스의 효과는 험한 산에 단번에 구멍을 뚫는 대규모 다이나마이트 폭발과 같지는 않지만, 바람이 오랜 세월동안 계속 불어 산 전체가 천천히 닳아 없어지는 것과 같다고 말합니다.

일반적으로 마이크로스트레스는 개인 혹은 직업적으로 가까운 사람들에 의해 발생합니다. 왜냐하면 그들은 나에게 중요한 사람들일 뿐 아니라, 나와 소통과 상호 작용도 가장 많이 하는 사람들이기 때문입니다. 또 나와 정서적으로 가깝다고 생각하므로, 성가시고 어려운 부탁도 쉽게 요청할 수 있기 때문입니다.

우리의 몸은 내부 환경을 조정함으로써 다양한 스트레스 요인에 적응하는 생리적인 활동인 '신항상성Allostasis' 기능이 있다고 합니다. 그런데 우리의 뇌는 마이크로스트레스를 심각한 스트레스라고 판단하지 않아, 신항상성 기능을 작동시키지 않는다고 합니다. 즉 스트레스를 받을 때 우리의 혈압이 오르고 호르몬이 분비되는 것처럼 마이크로스트레스도 똑같은 신체적인 반응을 일으키지만, 우리의 뇌는 마이크로스트레스를 스트레스로 보지 않기 때문에 필요한 대응을 하지 않는 것입니다. 그러므로 마이크로스트레스가 건강에 미치는 부정적 영향은 적지 않습니다. 마치 쇠의 일부분에 녹이 슬기 시작했을 때 이를 방치하면 녹이 번져 어느새 쇠 전체가 녹으로 뒤덮이듯, 마이크로스트레스는 건강을 점차 약화시킨다고 합니다.

마이크로스트레스는 누구에게나 찾아옵니다. 이를 잘 관리한다면 큰 스트레스로 이어지는 것을 막을 수 있습니다. 어떤 예방 방법이 있을까요?

행동 심리학자들은 마이크로스트레스의 원인이 무엇인지 파악하고, 그 원인을 관리하는 것이 중요하다고 합니다. 예를 들어, 업무량이 많아서 스트레스를 받는다면 업무량을 줄이고, 대인관계에서 스트레스를 받는다면 의사소통을 개선하라고 조언합니다. 또 건강한 생활습관을 유지하고 충분한 휴식을 취하는 것도 마이크로스트레스를 예방하는 데 도움이 된다고 말합니다. 하지만 우리의 현실 생활에서 이러한 접근 방법이 실현 가능할까요? 예를 들어, 회사의 업무량이 많아서 스트레스를 받는다고 업무량을 줄이는 것이 실제로 가능합니까? 노력하면 업무량을 조금은 줄일 수 있겠지만, 그리 쉽지는 않을 것입니다. 또한 다른 사람과의 의사소통을 개선해 스트레스를 줄이는 것도 말처럼 쉽지는 않을 것입니다.

나는 마이크로스트레스를 줄이기 위해서는 행동 심리학자들이 주장하는 방안과는 전혀 다른 접근 방법이 필요하다고 생각합니다. 우리가 스트레스를 스트레스로 받아들이면 우리의 뇌와 몸이 이미 이에 반응하기 시작합니다. 그러니까 근본적인 치유책은 "스트레스를 스트레스로 인식하지 않아야 한다"는 것입니다. 쉽지 않습니다. 하지만 자기 자신에 대한 관점을 바꾸면 가능합니다.

얼마 전 미디어에서, 북한 평양의 최고 대학에서 교수로 재직하다가 탈북하여 한국에 오신 분의 인터뷰를 본 적이 있습니다. 그는 한국에 와서 국정원과 하나원에서 소정의 과정을 마친 후, 사회에 나와 일자리를 구했습니다. 다음은 그가 진행자와 나눈 대화입니다.

진행자: 한국에 와서 제일 먼저 하신 일이 무엇입니까?

탈북자: 음식점에서 그릇 닦기, 그리고 얼마 후 대형 마트 계산대에

서 캐시어를 했습니다.

진행자: 평양 최고의 대학에서 교수를 하셨는데, 음식점에서 설거지를 하는 것에 대해 자존심이 상한다는 그런 마음이 없으셨는지요?

탈북자: 자존심? 그런 거 없습니다. 한국에 왔다는 자체가 감사한 거지요. 중국, 라오스, 태국을 거쳐 한국으로 오는 탈북 과정에서 죽을 뻔한 고비가 여러 번 있었습니다. 지금은 덤으로 사는 인생이니까 모든 것이 감사한 거지요.

그는 한국으로 온 후, 북한에서 누렸던 높은 사회적 지위는 완전히 잊었다고 합니다. 현재는 내세울 것도, 사회적 지위도 없는 상태지만 만족도는 매우 높다고 합니다. 탈북 과정에서 죽음의 문턱을 여러 번 넘나들었기 때문에, 지금 사는 것은 덤이라고 하면서요. 즉 그는 자존감은 여전히 높았지만, 쓸데없는 자존심은 완전히 죽은 것처럼 여겼습니다. 외부에서 들어오는 어떤 것도 자기의 자존감에 상처를 주지 않는다고 합니다. 왜냐하면 자신의 자존심은 이미 죽은 것이나 마찬가지이므로. TV에서 그의 인터뷰를 보면서 "자신의 존재는 이미 죽은 것이나 마찬가지"라는 말에 화들짝 놀랐습니다. 성경 말씀과 너무 같아서입니다.

일상생활에서 우리는 왜 스트레스를 받습니까? 외부에서 받은 입력에 대해서 필요 이상으로 민감하게 반응하기 때문입니다. 그것이 우리에게 마이크로스트레스로 작용합니다. 예를 들어, 아내가 오늘 갑자기 일이 생겨 아이를 픽업하기 어려워 나보고 대신 픽업해 달라고 요청하면 그냥 받아들이면 됩니다. 물론 내 일정을 조정해야 하고 수고를 해야 합니다. 짜증이 나죠. 근데 왜 짜증이 나고 화가 나는 거죠?

관점을 조금 바꿔, 아내의 요청을 살아가면서 생기는 자연스러운 현상으로 여기고 받아들이면 더 이상 짜증 나는 스트레스가 되지 않을 것입니다. 퇴근 후 상사가 부탁할 때, 작업한 파일이 실수로 지워졌을 때 이를 유별난 일이 아니고 상시 발생할 수 있는 일로 여기면 스트레스로 이어지지 않을 것입니다. 시간이 지나고 나면 아무것도 아닌 소소한 것이기 때문입니다. 집에서 식사 때가 되어 아내가 밥 먹으러 나오라고 해도 귀찮고 짜증이 나는지요? 식탁까지 가야 하고, 또 수저를 들어 먹는 수고도 해야 하는데…. 생각하기 나름입니다.

우리는 어제 혹은 낮에 있었던 유쾌하지 않은 일을 계속 되씹으며 묵상을 거듭하는 경향이 있습니다. 억울해하기도 하고 마음 아파하기도 합니다. 이런 습관은 즉각 마이크로스트레스로 변질되는 암적인 존재입니다. 어떻게 하면 진정으로 마이크로스트레스로부터 자유로울 수 있을까요?

아이디어가 있습니다. 조금 다른 비유지만, 성경에는 죄를 더 이상 짓지 않으려면 우리 몸을 죄에 대해서 죽은 것으로 '여기라'는 구절이 있습니다. 앞에 언급한 탈북한 대학 교수처럼요. 그는 자존심이 죽은 것으로 여겼기 때문에, 외부에서 들어오는 어떤 것도 자존감에 상처를 주지 않는다고 합니다. 그러면 더 이상 분노를 낸다든지 누구를 미워하지 않게 되므로, 누구에게는 마이크로스트레스로 작용할 수 있는 요인이 나에게는 아무것도 아닌 것이 되지요. 즉 우리의 일상생활에서 마이크로스트레스로 자랄 수 있는 요인의 싹을 제거해 버리는 것입니다. 한번 시도해 보시기를 권합니다.

생존 편향 오류

전쟁 영화에서 전투기들이 공중전을 벌이는 장면을 볼 수 있습니다. 비행기가 적 전투기가 쏜 총에 맞기도 하고, 대공포에 피격되어 화염에 쌓여 격추되는 장면도 볼 수 있습니다.

출격 후 귀환한 전투기들은 동체에 총알구멍이 많이 나 있었습니다. 제2차 세계대전 당시, 미국 해군은 전투기의 내구성을 높이기 위한 연구를 진행했습니다. 귀환 전투기를 대상으로 기체 어느 부위가 총알로 손상을 많이 입었는지를 조사하여, 전투기의 취약한 부위에 두꺼운 철갑을 덧붙여 보강하려는 것이었습니다. 철갑은 전투기를 더 강하게 하지만, 한편으로 더 무겁게 만들어 기동성이 떨어뜨리고 더 많은 연료를 소모하게 합니다. 단순히 많은 철갑을 사용하는 것이 아니라, 어느 부위에 어느 정도의 철갑을 보강해야 하는지 최선의 방법을 찾아야 했습니다.

조사 결과, 총알 자국이 꼬리날개, 중앙 몸통, 앞날개 양쪽에 집중되었음을 확인했습니다. 엔지니어들은 외상이 많은 부위에 추가 철갑을 덧붙이면 더 강해질 것이라 생각하여, 총알 자국이 많은 양날개와 꼬리 부분을 보강하려고 했습니다.

그러나 당시 통계분석팀의 통계학자 '아브라함 월드 Abraham Wald'는 이 분석 결정에 이의를 제기했습니다. 그는 날개가 아닌, 조종석과 엔진 부분을 집중적으로 보강해야 한다고 주장했습니다. 월드는 왜 이런 색다른 주장을 했을까요?

어느 전투기가 출격 후 기지로 무사히 귀환했다면, 적의 공격을 받고도 무사했다는 것을 의미합니다. 무사 귀환한 비행기에 총알 자국이 많은 부위는 적에게 공격받아도 큰 위협이 되지 않는다는 의미이므로 더 보강해야 할 부분이 아니라는 겁니다. 그 대신 귀환한 비행기에서 총알 자국이 거의 발견되지 않는 부위, 즉 엔진과 조종석 부분에 철갑을 보강해야 한다고 주장했습니다. 전투기 전체 부위의 피격 확률은 비슷함에도 불구하고, 조종석과 엔진 부분의 총알 자국이 적은 이유는 엔진과 조종석 부분에 피격당한 전투기들은 대부분 격추되어 귀환하지 못했기 때문이라는 것입니다. 따라서 귀환한 비행기에는 그 부위에 총알 자국이 없었다는 것입니다. 만약 그의 통찰이 없었다면, 엔지니어들은 엉뚱한 부위에 철갑을 덧붙이는 헛수고만 할 뻔했습니다.

미 공군은 연구를 진행하면서, 추락한 전투기는 빼놓고 무사히 귀환한 전투기들만 대상으로 조사를 하는 실수를 저지른 것입니다. 자신에게 유리한 정보에만 주목하고 불리한 정보는 무시하는 경향에서 비롯된 실수인 것입니다. 이후 통계학에서는 미 해군의 실수를 '생존 편향Surviviorship Bias'이라 부르며 통계적 오류의 대표적 사례로 삼고 있습니다.

생존 편향은 선택 과정을 통과한 사람이나 사물에만 초점을 맞추고, 그렇지 않은 것은 간과함으로써 발생하는 오류를 가리키는 말입니다. 간단히 말해, 실패한 사례는 무시하고 성공한 사례만 집중한다는 것이죠. 일상생활에서 생존 편향 오류는 다양한 곳에서 발견할 수 있습니다.

사람들은 성공한 사람들의 특징에만 주목하면서, 그들이 성공하는 데는 다 이유가 있다고 믿는 경향이 있습니다. 예를 들어, 모든 성공한 사람들이 아침 일찍 일어나는 경향이 있다고 한다면, 일찍 일어나는 것이 성공의 핵심 요인이라고 할 수 있을까요? 아닙니다. 아침에 일찍 일어나는 사람 중, 많은 사람은 성공하지 못했을 것입니다. 다만 성공하지 못한 사람들의 이야기를 듣지 못했을 뿐이지요. 실패한 사람의 스토리를 누가 듣고 싶어 하겠습니까? 성공한 기업을 연구할 때도 유사한 일이 발생합니다. 우리는 종종 성공한 기업들이 추진한 전략에 초점을 맞춥니다. 유사한 전략을 추진했지만 실패한 많은 기업들은 연구 대상에서 제외합니다. 하지만 이렇게 성공한 기업들만 대상으로 조사를 하면, 실패로 이어질 수 있는 잠재적 위험과 함정에 대한 중요한 정보를 놓칠 가능성이 있습니다.

다른 사례가 교육 분야에도 있습니다. '빌 게이츠 Bill Gates', '스티브 잡스 Steve Jobs', '마크 주커버그 Mark Zuckerberg' 등 대학 중퇴 후 성공한 사람들을 보면서, 우리는 성공을 위해서는 대학 교육이 필요 없다는 섣부른 결론을 내릴 수 있습니다. 하지만 대단한 성공을 이루지 못한 대다수의 대학 중퇴자들을 간과한 결론입니다. 성공한 소수에게만 초점을 맞춘다면 교육과 성공 사이의 실제 관계를 왜곡된 시각으로 볼 수 있기 때문입니다.

투자의 세계에서도 생존 편향 현상이 존재합니다. 우리는 주변에서 누가 가상화폐 투자로 대박을 거두었다는 소식을 듣습니다. 귀에 솔깃한 이야기만 들리니, 너도나도 가상화폐 투자에 뛰어듭니다. 가상화폐는 기본적으로 제로섬 게임입니다. 즉 얼마를 번 사람이 있다면, 누군가는 그만큼을 잃었다는 것이죠. 미디어는 대박을 거둔 사례는 기사화하지만, 손실을 보고 실패한 사례는 보도하지 않습니다. 이런 기사만 보고 가상화폐에 투자한 일반 투자자들은 생존 편향의 오류가 주는 쓴맛을 보기가 쉽습니다.

생존 편향을 인식하는 것은 삶의 다양한 측면에서 정보에 입각한 결정을 내리고 정확한 결론을 도출하는 데 필수적입니다다. 편향된 시각에 현혹되지 않으려면 성공뿐 아니라 실패한 사례도 찾아 함께 고려하는 것이 필요합니다.

생존 편향은 특정 결과를 달성한 사람들의 성공에만 초점을 맞추고 그렇지 않은 사람들의 실패를 무시할 때 발생하는 오류를 말합니다. 이와 관련해 성경에 나오는 욥의 이야기를 생각해 보겠습니다.

욥은 온전하고 정직하여 악에서 떠난 의인이었으며, 원하는 모든 것을 가진 부유하고 성공한 사람이었습니다. 하지만 갑자기 자녀들과 가축이 죽임을 당하고 집은 불탔으며 그는 건강을 잃었습니다. 그럼에도 그는 하나님에 대한 믿음을 잃지 않았습니다.

어려운 시간을 보내는 욥을 위로하기 위해 찾아온 욥의 친구들은 생존 편향의 전형적인 예입니다. 친구들은 욥이 하나님께 죄를 저질러서 이런 참혹한 불행을 당하는 것이 틀림없다고 말했습니다. 욥의 친구들은 생존 편향 신봉자들이었습니다. 그들은 주변의 성공한 사람들을 보고 그들이 성공할 자격이 분명히 있다고 가정했습니다. 그러나 그 친구들은 어쩔 수 없는 이유로 실패했던 많은 사람들은 고려 대상에 포함시키지 않았습니다. 성경에 의하면 욥은 무슨 죄를 지어 불행을 당한 것이 아니라, 하나님이 욥의 믿음을 증명하기 위해 고난을 허락하셨던 것입니다.

욥과 친구들의 대화는 우리가 성공이나 실패에 근거하여

사람들의 삶을 평가해서는 안 된다는 점을 일깨워 줍니다. 성공한 사람들의 성공에 초점을 맞추어, 그렇지 않은 사람들의 실패를 무시하는 것이 얼마나 쉬운지를 보여 줍니다. 성공적인 사업가를 보고 그가 총명하고 근면한 개인이라고 생각할 수 있습니다. 그러나 많은 경험과 노력에도 불구하고 실패한 다른 많은 사업가들에 대해서는 알지 못할 수도 있습니다. 우리는 성공과 실패에 영향을 미치는 요인이 많다는 점과 상황에 따라 다른 사람을 판단해서는 안 된다는 점을 기억해야 합니다.

기독교 신앙은 부분적으로 생존 편향과 관련이 있습니다. 예를 들어, 중병에 걸려 시한부 인생을 선고받은 사람이 신앙을 통해 병을 극복하고 회복되는 경우를 생각해 볼 수 있습니다. 이 경우 신앙이 병을 극복하는 데 도움이 되었으므로, 다른 병도 의학적 치료는 배척하고 신앙으로 치료해야 한다는 외골수적 사고에 빠지기 쉽습니다. 하지만 실제로는 기독교 신앙을 가지고 있지 않은 사람들 중에서 의학적 치료를 통해 병을 극복하고 살아남는 사람들도 많이 있습니다. 따라서 기독교 신앙이 병을 극복하는 데 결정적인 역할을 했다고 결론짓고 의학적인 치료를 배척하는 것은 생존 편향에 의한 치명적인 잘못일 수 있습니다.

우리의 일상생활에서 종종 볼 수 있는 생존 편향 현상을 제대로 인식하는 것이 중요합니다. 그래야 보다 많은 정보에 입각한 정확한 판단을 내릴 수 있습니다. 생존 편향 현상에서 배워야 하는 교훈은, 어떤 사람이 처한 상황을 경솔하게 판단해서는 안 된다는 것입니다. 사람들의 성공과 실패는 우리가 미처 알지 못하는 많은 요인들에 의한 결과일 수 있기 때문입니다.

3. 영적 성장의 모습

노예 해방과 영적 해방

미국에서 흑인들이 인종차별 금지를 비롯한 진정한 권리를 찾은 것은, 1863년 노예 해방 후 무려 100년이 지난 1964년 '민권법 Civil Rights Act'이 제정된 후입니다. 왜 그렇게 되었을까요?

미국의 노예제도 폐지와 그 후 지지부진한 흑인의 인권 회복 과정은 자유를 쟁취하는 것이 결코 쉽지 않음을 보여 줍니다. 이를 보면서, 사회적인 면뿐 아니라 영적인 면에서 우리가 진정으로 자유로운 존재인지 생각해 볼 필요성을 느낍니다.

미국의 노예제도는 1863년 노예 해방 선언과 이듬해 수정헌법 13조(노예제 폐지)의 채택으로 공식적으로 폐지되었습니다. 그러나 노예제도가 공식적으로 폐지된 이후에도 흑인들은 수십 년 동안 다양한 형태의 차별과 억압을 겪어야 했습니다. 사회의 구조적인 차별, 편견과 경제적인 어려움은 해방된 노예들에게 여전히 큰 장벽으로 남아 있었습니다. 법적으로는 자유를 얻었음에도 불구하고, 실제로는 그 자유를 완전히 누리지 못한 것입니다.

남부 백인 지도층들은 노예 해방 후 직면한 경제적 위기와 사회적 불안을 해결하기 위해 흑인들의 자유와 권리를 제한하는 법들을 제정했습니다. 노예제도가 공식적으로 종료된 이후, 남부 지역에서는 '짐 크로우Jim Crow 법'이라고 불리는 인종분리법들이 제정되었습니다. 이 법들은 흑인과 백인을 공공장소에서 분리하고, 흑인의 여러 가지 권리를 제한하는 데 사용되었습니다. 짐 크로우 법에 의해, 남부 연맹의 모든 공공기관에서 합법적으로 인종을 분리하고 차별할 수 있게 되었습니다. 인종 분리 정책은 1965년 민권 운동 때까지 지속되었습니다. 미국의 흑인들은 "분리되어 있지만 평등하다separate but equal"라는 도무지 이해가 안 되는 "빛 좋은 개살구" 같은 상황에 놓이게 되었습니다. 흑인들은 운동장의 기울어진 쪽이 아니라, 아예 운동장 밖에 서게 된 것입니다.

법률적 차별 외에도 해방된 흑인들이 겪는 현실적 한계가 존재했습니다. 그들은 제대로 된 교육을 받은 적이 없어 마땅한 직업을 구할 수 없었습니다. 결국 경제적 어려움으로 예전과 같이 대지주에 종속된 생활을 할 수밖에 없었습니다. 노예제도가 공식적으로 폐지된 후에도 흑인들은 진정한 자유를 누릴 수 없었습니다. 노예 해방이 선언된 지 백여 년이 지난

1960년대에 들어와서야 민권운동과 사회운동을 통해 비로소 가시적인 개선이 이루어졌습니다.

감옥의 철창과 족쇄 같은 물리적인 구속은 시각적으로 명확하게 인식될 수 있습니다. 그러나 정신적이고 영적인 구속은 훨씬 깊고 교묘하기 때문에, 때로는 그것이 존재한다는 것조차 인식하기 어렵습니다.

미국의 노예제도와 그 후의 해방 과정을 살펴보면, 이러한 무형의 정신적 구속이 얼마나 견고한지를 알 수 있습니다. 흑인 노예들이 해방되었음에도 불구하고, 그들은 과거 노예로서의 족쇄에서 벗어나지 못했습니다. 노예제도가 폐지된 이후에도 진정한 자유를 누리지 못하는 상황은 미국 흑인 노예제도 해방에만 국한되지 않습니다. 영적 영역에서도 비슷한 상황을 볼 수 있습니다.

성경은 예수 그리스도의 십자가 죽음을 통해 우리가 죄에서 해방되었음을 선언하고 있습니다. "이와 같이 너희도 너희 자신을 죄에 대하여는 죽은 자요"(롬 6:11)라는 말씀은 우리가 죄에 대해 죽었기 때문에 더 이상 죄의 영향을 받는 노예가 아니라는 것을 선언합니다. 우리가 예수 그리스도의 십자가 죽음을 통해 받은 영적 해방은 놀라운 소식입니다.

그러나 흑인들의 노예 해방이 백 년 동안 미완성인 상태로 머물러 있었듯이, 많은 사람들은 이 영적 해방을 완전히 받아들이지 못하고 있습니다. 이는 마치 과거 2차 세계대전이 끝났을 때, 필리핀 정글에 숨어 있던 일본 군인들에게 이제 전쟁이 끝났으니 나오라고 해도 이를 믿지 않고 오랜 기간을 정글에 머물러 있었다고 하는 에피소드와 같습니다.

우리는 여전히 죄의 권세에 짓눌려 살아가고 있습니다. 죄로 인한 유혹과 시험, 그리고 인간의 본성이 여전히 우리를 죄의 노예에서 벗어나지 못하도록 하고 있기 때문입니다. 그렇다면 어떻게 이 영적 해방을 받아들이고 살아갈 수 있을까요?

먼저 앞에서 언급한 로마서 6장 11절 말씀을 믿고 우리의 정체성, 즉 우리는 더 이상 죄의 영향을 받는 노예가 아니라는 사실을 분명하게 자각해야 합니다. 동시에 죄로 인한 유혹과 시련을 극복하기 위해, 하나님의 말씀을 통해 그분의 지혜를 받고 성령의 도움을 구하며 유혹에 맞서 싸워 이기는 경험을 쌓아나가야 합니다.

우리가 죄에 맞서 싸우는 전쟁은 실로 치열합니다. 이 전쟁은 우리의 연약한 육체와 영혼, 마음의 갈등으로 이어지는 전면전이며, 종종 힘든 고통과 시련을 초래합니다. 이 싸움은 단기전이 아니고, 우리의 삶 전반에 걸쳐 일어납니다. 우리는 죄에 맞서 싸워 이기는 경험이 쌓이면서 영적 성장과 변화를 이루어갑니다. 이 과정에서 자신의 약점과 죄의 유혹을 극복하고 하나님의 은혜와 힘을 경험하게 됩니다.

아울러 예수 그리스도가 십자가에서 어떠한 죽음을 통해 우리의 영적 해방을 이루어내셨는지, 그 의미를 깊이 이해할 수 있을 것입니다. 그분의 희생은 우리를 죄로부터 결별시키기 위한 완벽한 속죄 행위였으며, 이로 말미암아 우리는 하나님과 다시 연합하게 되었습니다.

파스칼의 내기 게임

천국과 지옥에 대해 진지하게 생각해 보신 적이 있습니까? 17세기 프랑스 수학자이자 철학자인 '블레즈 파스칼Blaise Pascal'은 죽기 전, 왜 구원이나 영생을 믿게 되었느냐는 질문에 다음과 같이 대답했습니다. "만일 내 말이 옳지 않고, 우리가 죽은 후에 천국과 지옥이 정말 없다 해도 나는 손해 볼 것이 없습니다. 그러나 내가 하는 말이 옳고, 우리가 죽은 후 천국과 지옥이 있다면 나는 이 세상에서 가장 귀한 보물을 가진 셈입니다." 이 대답은 "하나님이 정말 존재하는가?"라는 질문에 대한 합리적인 의사결정 틀로서, '파스칼의 내기Pascal's Wager'라는 철학적 주장의 핵심입니다.

파스칼이 제안한 '파스칼의 내기'는 "만일 신이 존재한다는 '증거'를 제시하면 신을 믿겠다"라는 사람들에게 던진 제안입니다. 현대적인 관점에서도 흥미로운 주제입니다. 신의 존재를 '증거'에 호소하는 것이 아니라, 신을 믿는 것이 가장 합리적인 선택이라는 생각에 기초한, 신에 대한 믿음을 옹호하는 논증입니다. 파스칼이 생전에 쓴 노트와 철학적 사색을 모은 작품인 「팡세Pensées」의 작은 일부분입니다.

파스칼은 하나님이 존재하느냐 하지 않느냐 하는 것은 이성이나 논리로는 알 수 없는 일이므로, 도박하듯 하나님이 존재하는지 혹은 그렇지 않는지 중 한 쪽에 베팅을 할 수밖에 없다고 했습니다. 그리고 하나님 존재에 대한 불확실성을 고려하여 파스칼은 믿음에 대한 두 가지 옵션, 즉 하나님을 믿거나 믿지 않거나를 제시합니다. 그는 이러한 하나님의 존재와 믿음 옵션를 기반으로 다음과 같은 네 가지 가능한 선택지와 결과를 제안했습니다.

1) 하나님이 존재하지 않는다고 믿고 살았는데 죽고 보니 없는 경우 (무신론):

하나님이 존재하지 않는다고 믿고 살았는데, 사후 하나님의 심판이 없으니 천만다행인 경우입니다. **(중립적 결과)**

2) 하나님이 존재하지 않는다고 믿고 살았는데 죽고 보니 있는 경우:

하나님, 천국과 지옥이 없다고 해서 막 살았는데, 사후 영벌의 심판에 따라 영원히 지옥에서 지내야 하는 완전 폭망한 경우입니다. **(최대의 손실)**

3) 하나님이 존재한다고 믿고 살았는데 죽고 보니 없는 경우(유신론): 세속적인 쾌락을 추구하지 못했지만, 그것이 진정한 행복을 주지 못한다는 것을 생각하면 크게 잃을 것은 없는 경우입니다. (**최소의 손실**)

4) 하나님이 존재한다고 믿고 살았는데 죽고 보니 있는 경우: 베스트 케이스입니다. 살면서 하나님의 뜻을 좇아서 사니 축복이고, 사후에도 영생의 복을 받으니 대박입니다. (**최대의 이득**)

파스칼은 하나님에 대한 믿음과 관련하여 무한한 잠재적 이득과 손실을 고려해 볼 때, 하나님의 존재를 믿는 것이 가장 합리적인 선택이라고 결론지었습니다. 파스칼은 이성적인 사람이라면 마치 하나님이 실제로 존재하는 것처럼 행동하며 하나님을 믿으려고 노력해야 한다고 말했습니다. 그의 설명에 따르면, 우리 앞에는 위에서 열거한 네 가지 선택지가 있습니다. 만약 하나님이 실제로 존재한다면, 우리는 영생의 상을 받게 됩니다. 이 선택을 하고 틀린다 해도, 우리가 잃는 것은 크지 않습니다. 반면 하나님이 존재하지 않는다고 가정하고 그 선택이 틀렸다면, 우리가 잃는 것은 너무나도 큽니다. 영생의 상실과 영원한 형벌이 그것입니다. 이러한 관점에서 볼 때, 파스칼은 하나님을 믿는 것이 최선의 베팅이라고 믿었습니다.

파스칼은 하나님, 천국과 지옥의 존재에 대해 아주 심각하게 생각해 '파스칼의 내기'라는 게임을 고안했습니다. '파스칼의 내기'는 일부 비판에도 불구하고, 여전히 신의 존재에 대한 대중적인 주장으로 남아 있습니다. 단순하고 직관적인 매력을 지닌 주장이기 때문입니다.

파스칼의 내기에서는 하나님의 존재를 영적으로 발견한 것이 아니라, 잠재적인 위험과 보상에 기반한 게임 논리에 의해 합리적 선택을 한 것입니다. 하지만 그리스도인은 하나님의 존재를 파스칼의 내기 게임 논리가 아니라, 믿음으로 발견하게 되기를 바랄 것입니다.

'파스칼의 내기'는 오늘날에도 여전히 철학, 신학, 확률론 등 다양한 분야에서 중요하게 다루어지고 있습니다. 또 현대 확률론의 발전과 함께 더욱 세분화되고 복잡한 형태로 발전하고 있습니다. 경영학이나 심리학에서는 '파스칼의 내기'가 의사결정 과정에서의 불확실성과 리스크 관리 방법을 설명하는 데 사용됩니다. 예를 들어, 리스크가 매우 낮지만 잠재적 이익이 큰 투자 결정을 설명할 때 '파스칼의 내기'와 비슷한 논리적 구조를 사용할 수 있습니다.

이처럼 '파스칼의 내기'는 단순히 하나님의 존재 여부에 대한 논의를 넘어서서, 불확실성 속에서의 합리적인 선택과 행동에 대한 광범위한 토론을 촉진하는 도구로 사용되고 있습니다.

천국을 향한 갈망

어릴 적 뛰놀던 고향을 그리워하듯, 천국을 갈망하시는지요? 천국과 지옥은 기본적으로 사후 세계이므로 사람들은 이에 대해 많은 궁금증을 가지고 있습니다. 많은 사람들이 천국과 지옥이 실제로 존재하는지, 아니면 단순히 상징적인 개념인지에 대해 의문을 가집니다. 과학적 증거나 물리적 증거의 부재가 이러한 의문을 더욱 증폭시키곤 합니다. 여기에 더해 만일 존재한다면, 어떤 행동이나 믿음이 사람을 천국으로 인도하는지, 반대로 어떤 것들이 사람을 지옥으로 가게 만드는지에 대한 질문도 많습니다.

성경에서는 천국과 지옥을 어떻게 기술하고 있을까요? 성경에서 천국은 하나님의 왕국으로 묘사되며, 완전하고 평화로운 장소로 그려집니다. 예수님은 "내 집에는 거할 곳이 많다"고 말씀하셨습니다(요 14:2). 또한 요한계시록에는 하늘에 새

예루살렘과 황금 거리가 나타나며, 거기서는 더 이상의 고통이 없다고 기록되어 있습니다(계 21:21-22). 반면에 지옥은 심판과 고통의 장소로 묘사됩니다. 예수님은 지옥을 "바깥 어두운 데"라고 부르셨으며, "거기서 슬피 울며 이를 갈게 되리라"라고 경고하셨습니다(마 22:13). 또한 성경은 "마귀와 그 사자들을 위하여 예비된 영원한 불"로 지옥을 언급합니다(마 25:41).

이처럼 성경은 천국과 지옥을 매우 실재적이고 구체적인 장소로 제시하며, 인간의 영원한 운명이 하나님과의 관계에 의해 결정된다고 강조합니다. 천국은 하나님과 영원히 함께하는 장소로, 지옥은 하나님으로부터 영원히 분리되는 곳으로 묘사됩니다.

그리스도인들은 천국과 지옥의 존재를 믿음을 통해 알게 되는 경우가 많습니다. 어느 물건을 말로만 들었을 때보다, 사진을 보았다든지 만져 보았을 때 사고 싶은 욕망이 더 생기는 것이죠. 그래서 매장에서는 상품을 쇼윈도에 진열해 놓든지, 온라인 창에 띄워 놓는 것입니다.

천국의 존재를 알게 된 사람은 나중에 천국에 갈 가능성이 높다고 생각합니다. 천국의 존재를 알았으니까 천국에 가기 위해 어떠한 노력도 아끼지 않을 테니까요. 마치 자기가 원하는 상품을 쇼윈도에서 본 사람이 이를 구입하기 위해 많은 노력을 하여 기어이 그 물건을 사는 것처럼 말이지요.

유사한 예로 19세기 미국에서 일어난 '골드러시'를 들 수 있습니다. 1848년 미국 서부지역의 요세미티강에서 금이 발견되었다는 소식이 알려졌습니다. 미국 전역은 금광 열풍에 휩싸였습니다. 금을 찾아 부자가 되겠다는 꿈을 안고 수많은 사람들이 위험을 무릅쓰고 서부로 향했습니다. 이른바 '골드러시'였지요. 1849년 한 해 동안만 캘리포니아에 몰려든 사람이 25만 명에 달했습니다. 동부를 떠나 미국 대륙을 가로질러 서부까지, 역마차에 의지해 죽음을 각오한 위험한 여정을 거쳐야 했습니다. 험준한 산을 넘고 광활한 사막을 건넜습니다. 또한 인디언들의 공격과 도둑들의 습격을 피해야 했습니다. 중간에 적지 않은 희생을 치렀지만 일확천금을 건진 사람도 많았습니다. 만일 서부 금광에 대한 확신이 없었다면 목숨을 건 여행을 하지 않았을 겁니다.

지옥의 존재를 아는 사람은 지옥에 갈 가능성이 낮다고 생각합니다. 지옥의 존재를 확실히 알았다면 어떻게 해서라도 사후에 지옥에 가는 것을 피하고자 할 테니까요. 한국은 과거부터 병역 의무제를 실시하고 있습니다. 요새와 달리, 과거 군대는 힘든 훈련, 폭력적 기합 등이 만연해 견디기 힘든 '지옥' 같다는 인식이 팽배했습니다. 그래서 일부 권력층이나 부유층은 군대 징병 관계자들에게 뇌물을 주어 병역 면제, 혹은 병역 연기를 받거나, 병원에서 병역 면제를 위한 허위 진단서를 발급받기도 했습니다. 심지어 자기 신체의 일부를 훼손하면서까지 병역 기피를 꾀했습니다. 얼마나 군대 생활이 지옥 같다고 생각했으면 그렇게까지 하면서 가지 않으려고 했을까요. 마찬가지로 지옥의 존재를 아는 사람은 생전에 모든 수단을 동원해 사후에 지옥에 가는 것을 피하고자 할 것입니다. 그래서 지옥의 존재를 알면 지옥에 갈 가능성이 낮아지는 것입니다.

기독교에서 천국과 지옥은 구원과 심판에 따른 종착지입니다. 이제 천국과 지옥의 존재를 아는 것이 왜 그리 중요한지 이해하셨을 줄 짐작합니다. 천국의 존재를 아는 자는 사후 천국에 갈 가능성이 높고, 지옥의 존재를 아는 자는 지옥에 갈 가능성이 낮기 때문입니다.

천국과 지옥의 존재를 교회에서 얼마나 자주, 그리고 강조해서 들으셨습니까? 과거에는 교회가 천국과 지옥에 대한 구원과 심판의 메시지를 강조하는 데 중요한 역할을 했습니다. 그러나 현대 사회에서 신앙의 중요성이 상대적으로 약화됨에 따라, 구원과 천국, 지옥에 대한 관심도 크게 감소한 것으로 보입니다.

언젠가부터 그리스도를 믿어 구원을 얻고 천국 가는 것을 무식하고 원시적인 신앙으로 여기는 풍조가 스멀스멀 생기기 시작했습니다. 구원, 영생, 천국 등의 복음보다는 윤리나 사회 참여를 더 강조합니다. 교회는 환경 보호, 인권 보호, 사회정의 구현 등 다양한 사회 문제에 관심을 가지고 목소리를 내야 한다고 주장합니다. 이러한 과정에서 구원, 천국과 지옥에 대한 관심은 상대적으로 뒷전으로 밀려나게 되었습니다. 교회에서 천국과 지옥에 대한 설교를 하는 목사는 때때로 고리타분하고 고상하지 못하다는 소리도 듣습니다.

물론 구원과 영생, 천국의 확신이 교회나 그리스도인의 전부는 아닙니다. 당연히 사회 문제에도 눈을 돌려 가난한 자, 소외된 자, 억눌린 자 등의 이웃에 대해 관심을 가져야 합니다. 다만 순서의 문제일 뿐입니다. 구원과 천국에 대한 확신으로 차 있는 사람은, 사회 문제에도 진정성을 가지고 훨씬 더 많은 관심을 기울입니다. 마치 비행기 사고가 나서 바다에 비상착륙하는 경우, 보호자가 먼저 구명조끼를 단단히 착용해 자신의 안전을 확보한 후 아이들을 돌보아야 훨씬 구조를 잘할 수 있는 것과 유사한 이치입니다. 구원과 천국의 확신이 있는 사람은 인권과 사회정의 구현에 누구보다도 열심입니다.

성경은 천국을 완전한 평화와 기쁨이 있으며, 고통이나 슬픔, 죽음이 없는 장소로 묘사하고 있습니다. 거기 있는 모든 사람은 하나님과 영원한 교제를 누립니다. 사도 요한은 이러한 천국에 대한 강렬한 비전과 함께, 영원한 삶을 갈망하고 그리워했습니다.

진정한 사랑은 의지와 인내다

매해 연례행사처럼 태풍과 홍수를 겪습니다. 홍수가 나면 물이 사방에 넘쳐납니다. 과거 수도 시설이 없는 시골에서는 두레박으로 우물물을 길어 먹었습니다. 평소에 깨끗한 우물물도 홍수가 나면 갈색 흙탕물로 변하고 흘러들어온 쓰레기가 물 위에 떠다닙니다. 요새는 페트병 물, 혹은 상수도 정화 시설이 잘 되어 있어서 사정이 많이 나아졌지만, 예전에는 홍수가 나면 가장 필요한 것이 먹을 수 있는 물이었습니다. 비가 와서 사방이 물로 야단이지만, 정작 우리에게 필요한 물은 점점 귀하게 되는 것입니다.

세상에 '사랑'의 말이 넘치고 있습니다. '사랑의 홍수'입니다. 텔레비전이나 유튜브 등 미디어에서 사랑을 주제로 한 드라마와 영화, 음악, 토크 쇼를 접할 수 있습니다. 사회 풍조의 영향과 콘텐츠 조회수를 높이기 위해, 사랑은 말초적 욕망을 충족시키는 일회용 소비 상품으로 취급되고 있습니다. 이기적이고 말초적 사랑은 넘쳐 납니다. 하지만 홍수가 발생하면 깨끗한 물이 부족한 것처럼, 사방에서 사랑을 외치는 소리가 넘치는 요즘 세상에서 진정한 사랑은 찾아보기 어렵습니다.

진정한 사랑은 상대에 대한 깊은 이해와 배려가 전제되어야 합니다. 흔히 우리가 말하는 '첫눈에 반하는 사랑', '짜릿한 사랑'과는 달리, 시간이 지나면서 더욱 성숙해지고 깊어지는 감정입니다. 기독교에서 말하는 진정한 사랑은 '감정'이 아니고 '의지'입니다. 자기희생적인 면모를 가지고 있습니다.

진정한 사랑은 낭비입니다. 사랑은 기꺼이 낭비하게 만듭니다. 예수님의 머리에 귀중한 향유를 모두 부어드린 한 여인처럼 말입니다. 엄마는 아기를 위해 자기의 모든 것을 아낌없이 주며 사랑을 낭비합니다. 예수님은 우리를 향한 사랑을 위해 목숨까지 버리는 낭비를 하셨습니다. 사랑은 계산하지 않습니다. 낭비가 아까워 계산하기 시작하면, 사랑의 관계는 거기서 끝이 나고 맙니다.

진정한 사랑은 언제나 동일하신 하나님처럼 변치 않습니다. 상황이 변하더라도, 사람들이 변하더라도, 진정한 사랑은 변질되지 않습니다. 진정한 사랑은 시간이 지나면서 오히려 더욱 깊고 강해지는 특성을 가지고 있습니다.

성경은 사랑을 최고의 가치로 여기며, 진정한 사랑의 본질에 대해 자세히 설명하고 있습니다. 이른바 '사랑장'이라고 불리는 고린도전서 13장의 내용을 요약하면 "사랑은 인내하고, 친절하며, 시기하지 않으며, 자랑하지 않으며, 교만하지 않습니다. 모든 것을 참고, 모든 것을 믿으며, 모든 것을 희망합니다"입니다. 진정한 사랑의 본질은 자기중심적인 감정이 아니라, 인내와 남에 대한 배려와 이해에 기초한다는 사실을 강조합니다. 이러한 진정한 사랑을 이루고 싶지 않으십니까?

하나님은 사랑이십니다. 예수님은 "너희 원수를 사랑하라"라고 하셨습니다. 그리고 우리가 하나님의 원수일 때, 예수님은 우리를 위해 십자가에서 죽으셨습니다(롬 5:10). 그런데 우리가 인간으로서 원수를 사랑하는 것이 현실적으로 가능합니까? 예수님께서 우리가 할 수 없는 빈 말을 하셨을까요?

영국의 작가이자 기독교 변증론자인 C. S. 루이스는 사랑하기 어려운 사람을 사랑할 수 있는 구체적인 방법을 제시했습니다. 독특하고 설득력 있습니다. 그는 사랑은 단순히 감정이 아니라, 의지에서 비롯된 행동이라고 주장합니다. 즉, 사랑은 우리가 누군가를 사랑한다고 느끼는 것이 아니라, 누군가를 사랑하는 것처럼 행동하는 것이라고요. 우리가 누군가를 사랑하고 싶다면 먼저 그 사람을 "사랑한다고 치고 행동하라"는 것입니다. 그 사람을 배려하고, 그 사람을 위해 희생하고, 그 사람에게 기쁨을 주는 행동을 계속하면 얼마 지나지 않아 그 사람을 정말 사랑할 수 있게 된다는 것입니다.

현실적인 예를 들어보겠습니다. 누군가 사랑하고 싶은 대상이 있다고 가정하지요. 이제부터 그 사람을 사랑한다고 치고 행동하는 것입니다. 그 사람에게 먼저 다가가 인사하고, 가끔 안부를 물어보고, 그 사람의 취미에 관심을 가져 보죠. 그 사람을 도울 수 있는 일이 있으면 망설이지 말고 기쁜 마음으로 도와줍니다. 그러면 그 사람과의 관계가 점차 돈독해질 것이고, 그 사람을 향한 사랑도 점차 깊어지게 될 것입니다.

물론 사랑은 단순히 행동만으로 이루어지는 것은 아닙니다. 사랑은 감정과 행동이 함께 어우러져 이루어지는 것입니다. 그러나 사랑의 감정이 시작되는 것은 행동에서부터입니다. 이러한 행동을 한다고 해서 바로 사랑이 생겨나는 것은 아니겠지요. 하지만 이러한 행동을 계속함으로써 그 사람을 사랑하는 마음을 키워나갈 수 있을 것입니다.

이 영적 현상은 반대의 경우에도 동일하게 적용된다고 합니다. 어떤 사람이 싫어서 미워하게 되면 점점 더 싫어진다는 것이죠. 1930~40년대 독일에서 유대인을 증오했던 이른바 '반유대주의Anti-Semitism' 광풍이 좋은 예입니다. 독일 나치 정권은 정치적 목적으로 유대인을 학대하고, 더 나아가 유대인 인종청소 계획을 세웠습니다. 나치 정권의 관제 언론은 독일 국민들이 유대인을 혐오하도록 유도하는 선전을 했습니다. 독일인들은 유대인들을 미워하게 되어 잔인하게 학대했습니다. 시간이 가면서, 유대인을 잔인하게 대했기 때문에 점점 더 미워하게 되었습니다. 잔인해질수록 더 미워하게 되고, 미워하게 될수록 더 잔인하게 대했습니다. 그러다 마침내 6백만 명의 유대인을 죽인 것입니다.

홍수가 나서 마실 물이 없을 때, 흙탕물이라도 떠서 인내를 가지고 정수 필터에 여러 번 통과시키면 소량이라도 깨끗한 물을 얻게 됩니다. 마찬가지로 누군가를 사랑하기 위해 그를 "사랑한다고 치고" 인내와 기도로 노력한다면, 언젠가는 그 사람을 진정으로 사랑하는 마음이 가슴 가운데 자리 잡게 될 것입니다.

내가 사랑해야 할 이유를 찾지 못하는 사람에 대해, 그 사람의 가치가 사랑받기에 충분한지를 판단하기보다는, 그 안에 내재된 사랑하는 하나님의 형상을 볼 수 있기를 바랍니다. 이를 통해 내가 그 사람을 사랑해야 할 진정한 이유를 발견하게 되기를 바랍니다.

이제 예수님이 말씀하신 "너희 원수를 사랑하라"를 행동으로 옮길 엄두가 나십니까?

아포가토, 단맛과 쓴맛의 조화

아포카토Affogato는 이탈리아어로 '익사시키다'라는 뜻입니다. 보통 바닐라 아이스크림 위에 뜨거운 에스프레소를 부어서 먹는 디저트로, 아이스크림이 녹아서 따뜻한 에스프레소에 '익사'하는 모습이 연상되어 붙여진 이름이라고 합니다.

우리 인생에서 때로는 달콤하고 때로는 힘든 순간들 모두 가치 있는 경험입니다. 아포카토는 뜨거운 에스프레소가 아이스크림을 녹여내면서 달콤하고 쓴맛을 동시에 느낄 수 있습니다. 우리 인생의 다양한 순간들을 잘 표현해 주는 디저트라고 생각됩니다.

아포카토의 주요 성분인 바닐라 아이스크림은 삶의 달콤한 순간들, 그리고 행복한 추억들을 상징합니다. 그것은 첫사랑, 아름다운 경치와 자연의 소리, 가족과 함께 휴가를 보낸 특별한 순간들처럼 순수하고 달콤하죠. 이런 순간들은 우리 인생에서 가장 값진 부분 중 하나이며, 우리에게 기쁨과 행복을 주는 원천이기도 합니다.

하지만 인생에는 달콤함만 있는 것이 아니지요. 에스프레소는 삶에서 다시 생각하기도 싫은 힘든 순간들을 나타냅니다. 그것은 도전, 실패, 그리고 고통의 순간들을 상징합니다. 사고나 병으로 아팠을 때, 경제적으로 어려웠을 때, 회사에 어려운 문제가 생겼을 때, 내가 어찌해 볼 수가 없는 자녀 문제 등 여러 경우가 있을 것입니다.

에스프레소가 아이스크림에 부어져 두 성분이 합쳐질 때, 아포카토는 완벽한 균형을 이룹니다. 달콤한 아이스크림은 에스프레소의 쓴맛과 뜨거움을 완화시킵니다. 쓴 에스프레소는 아이스크림의 달콤함을 도드라지게 합니다. 무언가 달콤할 때, 그것의 가치는 우리가 얼마나 쓴맛을 알고 있는가에 따라 달라집니다.

빛을 프리즘에 통과시키면 여러 색깔로 나누어지듯, 인생도 고통과 기쁨으로 나누어질 것입니다. 아포가토에 쓴맛과 단맛이 같이 있듯이, 우리가 겪는 고통과 기쁨이라는 두 가지 맛은 결코 별개가 아닙니다. 서로 멀리 떨어져 피하고 싶어 하지만, 그 둘은 대부분의 시간을 같이 보냅니다. 고통의 쓴맛만 있는 삶은 우리를 지치게 만들고, 달콤함만 있는 삶은 우리를 현실에서 멀어지게 만듭니다. 그러나 둘 다 함께 있을 때, 그것은 우리에게 진정한 인생의 가치를 깨닫게 합니다.

누구나 인생의 쓴맛은 피하고 싶어 합니다. 하지만 쓴맛이 단맛을 극대화한다는 것은 하나님이 허락하시는 시험과 축복 사이의 관계를 연상케 합니다. "너희가 여러 가지 시험을 당하거든 온전히 기쁘게 여기라"(약 1:2)라는 말씀처럼 우리는 시험을 당하면서도 그 후에 올 축복과 기쁨을 마음에 그려 볼 수 있습니다.

우리는 때때로 예상치 못한 시험과 어려움을 겪으면서, 왜 이런 일이 나에게 일어나는지 의문을 품게 됩니다. 대표적인 사람이 구약성경에 나오는 '욥'입니다. 그는 흠이 없고 정직했으며 하나님이 인정하는 의로운 사람이었지만, 환난과 궁핍, 그리고 다양한 시련으로 고통받았습니다. 시련이 끝나면서 그는 비로소 지난날의 어려움들이 어떻게 삶을 더욱 풍요롭게 만드는지 깨닫게 됩니다. "내가 주께 대하여 귀로 듣기만 하였사오나 이제는 눈으로 주를 뵈옵나이다"(욥 42:5). 마치 아포가토에서 쓴 에스프레소가 달콤한 아이스크림의 맛을 더욱 돋보이게 하는 것처럼….

아포가토는 단순한 디저트 그 이상입니다. 인생의 단맛과 쓴맛, 그리고 그 둘 사이의 완벽한 균형을 찾는 것의 중요성을 상징하는 작품입니다. 다음번 아포카토를 즐기실 때, 그 달콤하면서 쓴맛의 조화를 느껴 보심도 좋을 것 같습니다.

우리를 성장시키는 고통

　　　　　　　　　　육체적이든 감정적이든, 고통은 힘들고 부정적인 것으로 인식됩니다. 대가를 치르더라도 피하고 싶어 합니다. 그러나 고통은 불편함에도 불구하고 우리 삶에서 중요한 역할을 합니다. 우리의 성숙과 성장을 위한 디딤돌 역할을 해주기 때문입니다.

　신체적 고통은 우리 몸을 지키기 위한 경고입니다. 뭔가 잘못되었거나 위험할 때 신호를 보냅니다. 순간의 실수로 뜨거운 다리미나 난로를 터치했을 때를 상상해 보십시오. 뜨거움으로 인한 통증을 느끼는 즉시, 반사적으로 손을 뺍니다. 고통이 없으면 심각한 화상을 입는 끔찍한 결과를 초래할 수 있습니다. 이런 관점에서 고통은 보호자 역할을 합니다. 염증은 나쁜 것처럼 인식되지만, 꼭 그렇지는 않습니다. 왜냐하면 백혈구를 포함한 몸의 방위군들이 각자의 자리에서 맡은 역할을 충실히 하고 있다는 증거이기 때문입니다.

신앙생활에서 고통은 다양한 원인에서 발생할 수 있습니다. 자신의 이기심과 자존심과 맞서는 고통일 수 있습니다. 하나님의 뜻과 일치하지 않는 꿈이나 욕망을 버리는 고통일 수 있습니다. 우리의 삶을 하나님의 손에 맡기고 미지의 세계로 발을 내디딜 때 직면하는 두려움과 불안의 고통일 수도 있습니다.

신앙생활에서 고통은 자아 중심적으로 삶을 살아왔던 우리가 그 자아를 하나님께 맡겨야 하는 과정에서 필연적으로 발생합니다. 냉장고가 오래되면 제대로 작동이 안 됩니다. 이럴 때 구입한 매장에서 '무료'로 교체해 주겠다고 하면, 기쁜 마음으로 서슴지 않고 교체할 것입니다.

작동이 안 되는 냉장고를 교체하는 것처럼, 죄로 찌든 우리의 옛 자아가 제대로 작동이 안 되면 교체해야 되지 않겠습니까? 그래서 하나님은 삐걱거리는 옛 자아를 새 자아로 교체해 주겠다고 약속하셨습니다. 이를 위해 예수 그리스도를 이 땅에 보내셔서, 우리에게 줄 새 자아의 값을 대신 치르도록 하신 것입니다. 누구든지 예수 그리스도를 믿으면 새 자아를 거저 주십니다. 그런데 헌 냉장고를 교체하기 위해서는 먼저 이를 폐기 처분해야 합니다. 마찬가지로 새 자아를 받기 위해서는 옛 자아를 버려야 합니다. 자아의 양도에는 고통이 따릅니다. 내가 마음대로 사용해 왔던 옛 자아를 버려야 하니까요.

이와 관련해 C. S. 루이스는 그의 책 「고통의 문제The Problem of Pain」에서 다음과 같이 말합니다. "하나님께 자아를 완전히 양도하는 행위에는 고통이 따르게 되어 있습니다. 왜냐하면 우리가 자아를 완전히 양도할 때, 우리는 모든 욕망을 포기하고, 하나님께서 우리를 위해 계획하신 것을 받아들여야 하기 때문입니다. 이것은 쉽지 않습니다. 왜냐하면 우리는 우리 자신의 욕망을 내려놓는 것을 두려워하기 때문입니다." 자아의 양도는 하나님과의 관계를 회복하는 것입니다. 우리는 원래 하나님과 하나였지만, 죄로 인해 하나님과 분리되어 있었거든요. 하지만 하나님께 우리의 자아를 완전히 양도함으로써, 우리는 다시 하나님과 하나가 될 수 있게 된 것입니다.

고난은 숨겨진 축복이라는 말이 있습니다. 왜냐하면 고난은 우리의 믿음을 성숙하게 하고, 우리를 하나님께 더 가까이 이끌어 주는 의미 있는 경험이기 때문입니다. 그래서 시험과 고난을 당하면 온전히 기뻐하라는 것이죠(약 1:2).

고통은 육체적으로나 정신적으로 귀중한 교사가 될 수 있습니다. 우리는 고통을 통해 인간으로서의 한계를 배웁니다. 등산하면서 돌에 걸려 넘어져 본 사람은 위험을 더 잘 알게 되어 조심을 합니다. 운동선수는 경기나 연습 중 부상을 피하기 위한 방법을 배웁니다. 고통은 때때로 변화와 개선을 위한 촉매제 역할을 합니다. 실패한 인간관계로 인한 비통함이나 사랑하는 사람을 잃은 슬픔은 고통스럽지만 삶을 승화시키는 성장으로 이어질 수 있습니다.

요새 신형 차들은 차선이탈감지 장치가 있어서 차가 차선을 조금 벗어나면 경고음을 내거나 핸들에 신호를 줍니다. 우리 영혼에도 차선이탈감지 장치와 같은 기능이 있습니다. 우리가 하나님의 길에서 벗어나면 마음이 불편하고 영적 고통을 느낍니다. 이러한 불편함은 우리가 하나님의 길에서 벗어나고 있음을 경고하는 신호이며, 빨리 바른길로 들어올 것을 촉구하는 역할을 합니다.

고통은 우리의 교사 역할을 하며 우리의 믿음이 성장하도록 돕습니다. 욥에서 바울에 이르기까지 성경의 많은 인물들이 엄청난 고통을 겪었습니다. 그들이 하나님의 성품을 더 깊이 이해하고, 사랑과 자비를 더 강하게 의지하게 된 것은 고난을 통해서였습니다. 사도 바울은 환난이 인내와 연단과 소망을 이루는 줄 알았기 때문에 환난 중에도 기뻐하라고 말했습니다(롬 5:3-4).

고통은 결코 편안하지 않습니다. 하지만 기독교 신앙에서 고통은 무의미하거나 벌을 주기 위한 것이 아니라, 우리를 영적으로 성장시켜 하나님과 더 깊은 교제를 하게 하는 강력한 촉매제로 자리매김하고 있습니다.

육체적 질병을 치료하기 위해 외과 의사가 집도하는 수술이 고통을 동반하는 것처럼, 우리의 '영적 주치의' 되신 하나님은 우리의 영적 질병을 치료하고 우리를 그분에게 더 가까이 이끌기 위해 고통을 사용하실 수 있습니다. 인생에서 고통은 단순히 부정적인 것이 아니라, 우리 삶에 중요한 영적 교훈을 제공합니다. 고통이 수반되지 않은 축복은 공허할 수 있습니다.

불안에서 자유해지는 비결

인간은 하나님이 주시는 평안을 대수롭지 않게 여기는 경향이 있습니다. 반면에 애써 외부의 불안한 환경에 집중하며 걱정하는 본성이 강합니다. 우리는 종종 현재 삶에 당면한 도전과 미래의 불확실성에 사로잡혀 불안해하고 있는 자신을 발견합니다.

성경은 하나님의 보호를 여러 톤으로 언급하고 있습니다. "그가 너를 그의 깃으로 덮으시리니 네가 그의 날개 아래에 피하리로다"(시 91:4)에서는 하나님이 우리를 자신의 깃털로 덮으시고 그분의 날개 아래에 피하게 하시는 것으로 비유합니다. 또 "내가 사망의 음침한 골짜기로 다닐지라도 해를 두려워하지 않을 것은 주께서 나와 함께 하심이라 주의 지팡이와 막대기가 나를 안위하시나이다"(시 23:4), 혹은 "내가 피할 나의 반석의 하나님이시요 나의 방패시요 나의 구원의 뿔이시요 나의 높은 망대시요 그에게 피할 나의 피난처시요 나의 구원자시라"(삼하 22:3)라고 말씀합니다. 아직 부족한가요?

염려가 느껴지는 상황에서, 우리는 사랑이 풍성하신 하나님이 우리를 품고 계시다는 사실을 망각하는 경우가 많습니다. 왜냐하면 인간은 하나님을 외면하려는 습성이 깊이 배어 있기 때문입니다. 나를 안고 계시는 하나님은 눈에 안 들어오고, 풍파가 일고 있는 바깥에만 눈길이 가는 것이죠. 그리고 혼자 있다고 생각하며 불안해합니다.

불안에 사로잡힐 때 우리는 하나님은 제쳐두고 합리성과 이성을 통해 바깥세상을 이해하려 합니다. 예수님과 동행했던 제자들에서도 볼 수 있는 광경이었습니다. 제자들은 세상에서 가장 강력한 분과 같이 지내면서도, 곁에 계신 주님은 보지 않고 바깥 상황에만 몰두하면서 불안한 태도를 보였습니다. 대표적인 예는 제자들이 예수님과 함께 배를 타고 가던 도중에 일어난 폭풍우 사건입니다. 제자들과 예수님이 배를 타고 갈릴리 호수를 건너가던 중 갑자기 폭풍우가 몰아쳐 배에 물이 많이 고였습니다. 제자들은 두려워 떨었지만 예수님은 배 안에서 주무시고 계셨습니다. 제자들은 두려움에 휩싸여 예수님을 깨우며 "우리가 죽게 되었는데 살려 주세요!"라고 외쳤습니다. 이에 예수님은 일어나 폭풍을 잠재우셨고 곧 평안이 찾아왔습니다. 제자들은 예수님이 자신들과 함께 계시는데도 불구하고 순간의 위험과 두려움에 집중하며 하나님의 임재를 간과했습니다. 예수님이 무엇인가를 더 보여 주셨더라면 그들이 폭풍 속에서도 평온함을 유지할 수 있었을까요? 무얼 보여 주셔도 제자들은 평온하지 못했을 것 같습니다. 외부의 불안한 환경에 온통 관심을 집중했으니까요. 우리도 이와 다르지 않습니다.

인간은 합리성과 이성을 총동원해 외부 세계에서 해결책과 평안을 찾으려고 애를 씁니다. 아이러니하게도 인간의 합리성과 이성은 불안을 없애 주는 해결사가 아니라, 오히려 불안을 만들어내고 조장하는 데 큰 몫을 담당하고 있습니다. 고하용조 목사님은 "인간의 합리성과 이성은 그럴듯하게 보이지만, 그것이 항상 인간을 불안하게 만든다. 그러나 믿음은 우리에게 확신을 가져다준다"라고 말씀하셨습니다. 합리성과 이성은 인간의 귀중한 속성입니다. 하지만 아이러니하게도 인간의 불안은 합리성과 이성으로 인해 시작될 때가 많습니다. 끊임없는 분석, 의심, 확실성에 대한 탐색은 개인을 불안한 상태에 빠뜨릴 수 있습니다. 그 이유가 무엇일까요?

우리가 구하는 평안은 합리성과 이성의 영역 밖에 존재하기 때문입니다. 합리성과 이성의 영역 밖에 있는 솔루션을 합리성과 이성에 의지해 찾으려니까 못 찾는 것입니다. 그리고 솔루션을 못 찾으니 더욱 불안해지는 것입니다. 마치 석탄광산에 가서 금을 찾으려고 노력을 했는데, 아무리 땅을 파도 금이 안 보이니까 당황하고 불안한 것처럼 말입니다. 더 나아가,

인간이 실제로 매사에 합리성과 이성에 의해서 결정하고 행동할까요?

그렇지 않습니다. 인간은 이성적이고 합리적인 존재라고 하지만, 동시에 자신의 감정과 본능에 의해 지배당하는 경우가 적지 않기 때문입니다. 논리적으로 생각하고 결정을 내릴 수 있지만, 동시에 감정적으로 반응하고 충동적으로 행동할 수 있습니다. 우리가 내린 결정과 우리가 실제로 하는 행동 사이에 있는 괴리감은 우리를 불안하게 만들며, 우리 자신에 대해 확신을 갖지 못하도록 만듭니다.

반면에, 하나님을 믿는 믿음은 인간의 합리성과 이성의 한계를 뛰어넘어 확신을 줍니다. 이성은 분석하고 해부하려 하지만, 믿음은 신비를 포용하고 모든 것이 완전히 이해되거나 설명될 수 없음을 인정합니다. 믿음은 모든 것을 합리성과 이성만으로 이해하려는 부담에서 우리를 해방시켜 줍니다. 사실, 믿음과 이성은 본질적으로 양립할 수 없는 것이 아닙니다. 그들에게는 각자의 역할이 있고, 서로를 보완하여 우리가 보다 온전한 세계관을 갖도록 인도합니다.

걱정과 불안은 우리 삶에 부정적인 영향을 미칠 수 있습니다. 집중력을 떨어뜨리고, 신체적, 정신적 건강에 악영향을 미칩니다. 이에 더해 우리가 하나님의 사랑과 보호를 받고 있다는 믿음을 약화시킬 수 있습니다. 그렇다면 걱정과 불안을 극복하고 하나님의 품 안에서 평안을 누릴 수 있는 방법은 무엇일까요?

우리는 누구나 온전하지 못한 믿음을 가지고 있으므로 걱정과 불안에서 완전히 자유스럽지 못합니다. 이럴 때 우리의 삶을 하나님께 온전히 맡기고 우리의 걱정과 불안을 지체 없이 하나님께 던져 맡겨 버리는 것입니다. 걱정과 불안을 하나님께 드릴 때, 우리는 합리성과 이성으로 둘러싸인 바깥세상을 바라보는 우리의 시선을 하나님께로 돌려 집중할 수 있게 됩니다. 그러면 인생의 험한 골짜기를 지날지라도 주께서 함께하심으로 두려워하지 않을 수 있습니다.

우리가 주님을 보지 않을 뿐, 우리 머리카락까지 세시는 주님은 결코 우리 곁을 떠난 적이 없으십니다. 특히 우리가 큰 시련으로 어려움을 겪을 때에는 우리를 안고 가시는 분입니다.

영적 건강검진

얼마 전 한국교통안전공단에서 자동차 검사를 받으라는 문자를 받았습니다. 격년으로 받는 정기 검사입니다. 자동차에 부착된 각종 전자 센서, 오일 체크, 타이어와 브레이크 패드 마모, 각종 벨트 손상 및 유독가스 누출 등을 점검합니다. 점검 후 어떤 부분을 수리할지, 어떤 부품을 교체해야 하는지를 알려 줍니다.

국민건강보험 시스템이 비교적 잘 운영되고 있는 덕택에, 대부분의 한국 사람들은 매년 혹은 정기적으로 건강검진을 받습니다. 검진 결과를 보고 의사들은 어떤 부분이 의심되니까 그 부분을 정밀검사를 하자고 하든지, 혹은 약물을 처방해 주기도 합니다.

영적인 영역으로 눈을 돌려보겠습니다. 자동차는 한국교통안전공단에서, 건강은 병원에서 검사받듯이, 내가 출석하고 있는 교회에서 정기적 혹은 간헐적으로 영적 상태 혹은 믿음의 건강 상태를 점검받을 기회가 있으신지요? 아니면 적어도 '영적 상태 점검을 위한 문진표'를 통한 자가 진단 기회는 있으신지요?

인간은 신체적 부분과 영적 부분이 있습니다. 신체적 부분이 건강검진을 받는 것처럼, 영적 부분도 검진 받을 기회가 있는 게 바람직하지 않을까요? 건강검진을 받은 후에 필요시 적절한 후속 처치를 취하듯, 영적 부분도 검진해서 그 결과에 따라 필요한 액션을 취해야 하지 않을까요?

병원과 교회는 모두 우리 삶에서 중요한 역할을 합니다. 병원은 우리의 신체적 건강을 다루고, 교회는 우리의 영적 건강을 다룹니다. 그런데 병원에서는 우리의 신체적 건강 상태를 잘 파악할 수 있지만, 교회에서는 우리의 영적 건강 상태를 파악하기가 어렵습니다. 그것은 아마 다음과 같은 두 가지 이유 때문일 것입니다.

첫째, 병원에는 우리의 신체적 건강 상태를 측정할 수 있는 객관적인 지표들이 있습니다. 예를 들어, 키, 몸무게, 혈압 등의 기초 데이터, 피와 대소변 검사, 엑스레이, 각종 초음파 검사 등을 통해서 우리의 건강 상태를 파악합니다. 그러나 영적 상태는 신체적 건강 상태와 달리 객관적으로 측정하기 어려운 영역입니다. 예를 들어, 믿음, 소망, 사랑, 감사, 회개, 용서 등은 영적 상태를 나타내는 중요한 요소들이지만 이들을 측정하기란 쉽지 않습니다.

둘째, 병원에서는 의사와 환자의 관계가 일대일이며, 쌍방향 소통이 기본입니다. 의사는 환자와의 질문과 답변, 각종 검사 데이터를 보고 환자의 상태를 파악합니다. 또한 의사는 환자와의 소통을 통해 치료 계획을 세웁니다. 그러나 교회에서는 목회자와 교인의 관계가 쌍방향이 되기 쉽지 않습니다. 특히 규모가 큰 도시 교회에서는 대부분의 교인이 예배 시간에 멀리서 목회자를 보는 것이 전부일 수 있습니다. 목회자가 설교뿐 아니라 교회 행정 등으로 인해서 바쁘다면 교인과 일대일 면담을 하는 데 시간을 할애하기가 어려울 수 있습니다.

병원은 각 환자에 대한 차트를 가지고 있습니다. 병원에서 환자 차트는 매우 중요한 역할을 합니다. 각 환자의 진료 이력과 의료 정보가 빼곡히 기록되어 있어, 의사는 이를 통해 환자의 건강 상태, 과거 병력, 약물 반응 등을 면밀히 파악할 수 있습니다. 이러한 체계적인 정보 수집과 관리는 환자에게 최적화된 진료를 제공하는 데 필수적입니다.

영적 상태에 대한 개별적인 기록과 관리는, 개인이 겪는 고유한 영적 문제나 어려움에 맞춤형으로 대응할 수 있는 기반을 마련합니다. 마치 의사가 환자 차트를 통해 맞춤형 치료를 제공하는 것처럼, 목회자나 영적 지도자도 그 기록을 통해 개인의 영적 상태를 정확히 이해하고, 적절한 조언과 지도를 할 수 있습니다. 교회가 개인의 영적 성장을 더 깊이 있고 효과적으로 도울 수 있는 길이라고 생각합니다.

하지만 교회는 헌금과 같은 재무적인 것과 교회 행정에 관한 기록은 체계적으로 관리하지만, 교인들의 영적 상태에 대한 기록은 관리하지 않는 것 같습니다. 이는 교회가 영적 관리와 멘토링에 있어서 개별적인 접근보다는 집단적인 접근을 취하고 있음을 의미합니다. 마치 방송국이 불특정 다수를 대상으로 방송하는 것과 크게 다르지 않습니다. 이러한 방식은 각 개인의 영적 필요나 고민을 세심하게 파악하고 대응하는 데는 제한적일 수밖에 없습니다. 대부분의 큰 도시 교회가 안고 있는 치명적인 한계입니다. 우리 앞에 이미 다가온 AI 시대에는 교인 데이터 확보를 위한 대책이 교회의 질적 성장을 가늠하는 중요 척도가 될 것입니다.

영적 상태에 대한 개별적이고 체계적인 기록 및 관리의 부재는, 교회가 개인의 영적 필요를 충족시키는 데 있어서 한계를 가질 수 있음을 시사합니다. 이는 교회가 영적 관리에 있어서 더 세심한 접근을 모색해야 할 필요성을 제기합니다. 예컨대, 5년마다 목회자가 교인과의 면담을 통해서 그들의 영적 상태를 점검하고 그에 따른 적절한 처방을 내리면 좋을 것입니다.

병원에서 건강검진을 받기 전에 환자는 건강과 식습관에 대한 건강문진표를 작성합니다. 이와 유사하게 교회에서 교인에게 신앙에 관한 문진표를 작성하도록 하면 목회자가 그들의 영적 상태를 가늠하는 데 많은 도움이 될 것입니다. 물론 이를 실천하려면 현실적으로 문제점이 있을 것이라고 생각합니다만, 쉬운 영역부터 시도하면 이를 극복할 수 있는 방법이 있을 것입니다. 이 자료를 잘 활용하면 목회 전략 수립을 위한 훌륭한 기초 자료가 될 수 있을 것입니다.

이 시점에서 교회가 주의 깊게 보아야 할 변화가 있습니다. 최근 몇 년간 사회와 산업의 모든 분야에 챗GPT로 대표되는 생성형 AI 기술이 깊고 광범위하게 파급되고 있습니다. 전통적 AI가 하지 못했던 많은 성과가 도출되고 있습니다. 그리스도인 커뮤니티도 생성형 AI의 영향권 안에 들어와 있습니다. 왜냐하면 사회 주류로 급속히 자리 잡아 가고 있는 MZ 세대 및 청장년 세대는 우리가 검색을 많이 사용한 것처럼 생성형 AI를 많이 사용하며 능숙하기 때문입니다. 그 결과 그리스도인 커뮤니티의 다양한 영역에서 많은 데이터가 생성될 것입니다. 이 데이터를 지혜롭게 이용하면 교인의 영적 차트도 만들 수 있을 것입니다. 영적 검진을 하겠다는 의지만 있으면 이를 위한 다양한 방법이 있을 것입니다.

'죄 관리 복음'을 넘어서

전도연이 주연한 〈밀양〉이라는 영화가 있습니다. 서울에 살던 33살 '신애'는 남편과 사별 후, 어린 아들을 데리고 밀양으로 이사를 했습니다. 그런데 어떤 남자가 신애가 돈이 많은 줄 알고 그 아들을 납치해 살해했습니다. 아들을 잃은 신애는 깊은 슬픔에 빠졌습니다. 교회에 나가게 되었고, 마음의 상처도 아물어가는 듯했습니다. "원수를 사랑하라"라는 성경 말씀대로, 아들을 죽인 사람을 용서해 주기로 마음먹었습니다. 교도소를 찾아가 아들을 죽인 살인자를 면회했습니다. 전혀 예상치 못한 일이 일어났습니다. 아들을 죽인 살인자가 신애를 보자마자 "나는 회개하고 하나님한테 용서를 받았습니다"라고 태연하게 말한 것입니다. 죽은 아이와 신애에게 용서를 구한다는 말은 일체 없었습니다. "나는 하나님으로부터 용서받고 구원받았으니까 이젠 누구에게나 떳떳하다"라는 태도였습니다. 그 살인자가 하는 말과 태도에, 신애는 너무 기가 막혀 실성했습니다. 용서해 주려고 교도소를 찾아갔는데, 막상 그자의 태도에 용서가 안 되는 것이었죠.

하나님이 용서했으면, 면전에 있는 피해자는 그냥 무시해도 되는 건가요? 그녀의 눈물은 누가 닦아 주나요? 그 살인자는 하나님으로부터 구원받았다고 했지만, 그의 현실 생활에서 예수님은 실종되었습니다. '회개에 합당한 열매를 맺으라'는 말씀은(마 3:8) 그에게 한낱 구호에 그치는 공허한 말이었습니다.

언젠가부터 주일성수, 새벽기도, 십일조가 그리스도인 개인의 신앙 성숙도를 가늠하는 척도로 자리 잡고 있습니다. 이에 더해, 자기가 지키는 율법적 행위를 기준으로 이를 지키지 않는 자를 정죄함으로써 자기 신앙과 존재의 우월성을 확인하려 합니다. 예수님이 가장 경멸했던 바리새인과 조금도 다르지 않습니다. 진정한 제자도를 실천하려는 신앙인의 모습은 자취를 감추고 있습니다.

예전 다니던 교회에서는 예배 후 교인들이 점심을 같이 했습니다. 자원봉사자들이 점심을 만들어 대접했지요. 그런데 부엌에서 수고하시던 어느 분이 입을 쭉 내밀며 원망과 불평을 쏟아냈습니다. 자기는 점심을 만들기 위해 예배도 참석하지 못하는데, 다른 사람들은 봉사에 참여하지 않는다는 것이었습니다. 한참을 듣고 있다가 그분께 말씀드렸습니다. "점심 준비 봉사로 수고를 많이 하셨는데, 혹시 마음이 불편하시면

안 하시는 것이 좋겠습니다"라고.

〈밀양〉에 나오는 살인자는 복음을 죄 사함으로 제한하고 현재의 영적인 삶과는 동떨어진 것으로 착각했습니다. 그에게 있어, 예수님이 오신 것은 우리에게 구원과 영원한 생명을 주고 우리의 삶이 더 풍성해지기 위함이라는 성경 말씀은 한낱 구호에 그치는 듯합니다. 진정으로 회개하고 구원받은 그리스도인이라면 성령의 열매인 믿음, 사랑, 거룩함이 맺힐 것이며, 절제되고 남을 배려하는 말과 행동이 따를 것입니다.

이스라엘 백성이 출애굽 후 가나안에 들어가는 것이 끝이 아니듯, 우리도 구원받은 것이 끝이 아닙니다. 가나안에 들어가서 기존 주민들과 싸워 하나님이 약속하신 땅을 점령하는 본격적인 행동이 필요한 것입니다. 제2차 세계대전 중 독일 나치로부터 고난을 받고 순교했던 신학자이자 목사였던 '본 회퍼 Dietrich Bonhoeffer'는 예수 그리스도를 본받는 것이 없는 은혜, 그리스도의 제자로서의 삶이 없는 신앙을 '값싼 은혜'라고 불렀습니다. 진정한 복음은 '값싼 은혜'가 아닙니다. 죄 사함으로 구원받은 그리스도인은 제자도를 실천하는 삶을 살아가야 합니다.

구원받고 죄를 짓지 않는 것이 복음의 전부이고 완성이라고 생각하는 사람들이 있는 것 같습니다. 이런 종류의 복음에 대해 미국의 신학자이자 인문학자 '달라스 윌라드 Dallas Willard'는 깊은 우려를 표명했습니다. 그는 그의 책 「하나님의 모략 The Divine Conspiracy」에서 오늘날 많은 그리스도인은 "개인의 죄 용서"를 복음의 최우선 목표로 삼고 있을 뿐, 예수 그리스도의 삶과 성품의 변화를 찾아보기는 어렵다고 말했습니다. 마치 영화 〈밀양〉에 나오는 구원받았다는 살인자처럼. 그는 책에서 죄 사함과 교리적인 부분에만 초점을 두고 개인의 인격과 성품의 변화로 연결되지 않는 복음을 '죄 관리의 복음'이라고 부릅니다. 그는 하나님이 우리에게 은혜로 주신 복음이 '죄 관리의 복음'이라고 부를 만큼 왜곡되고 축소되었다고 말합니다. 현대 기독교는 죄를 짓지 않는 것에만 초점을 맞출 뿐, 다른 것에는 관심을 두지 않는 것입니다. 기독교 신앙이 회개로 일관되는 이유는, 죄를 뉘우치기에 바쁠 뿐 신앙적으로 더 성숙하기 위한 노력은 뒷전으로 밀려나 있기 때문입니다. 윌라드는 '죄 관리의 복음'이 복음의 풍성함과 예수 그리스도가 제시한 생명의 충만함에 대한 교육을 간과하게 만든다고 비판했습니다. 이러한 복음은 본회퍼가 언급한 '값싼 복음'이라는 비아냥에서 벗어나지 못합니다.

가게에 쌓여 있는 제품들은 내용물이 무엇인지, 혹은 어떤 상태인지와 관계없이, 오로지 스캐너가 겉 포장지에 표시된 바코드를 읽을 수 있으면 정식 제품으로 인식됩니다. 오렌지 주스가 담긴 통이라도 겉에 우유를 나타내는 바코드가 프린트되어 있으면 스캐너는 그냥 우유로 인식하는 것입니다. 내용이 중요한 것이 아니고 겉에 보이는 바코드, 즉 외형적인 것에 모든 관심을 쏟는 것입니다. 주스통은 그리스도인, 바코드는 구원, 스캐너는 하나님을 뜻하는 비유입니다. 그저 간단한 사영리와 같은 교리에 정신적으로 동의하거나 교회에 등록만 하면 구원을 얻을 수 있다는 일부 트렌드를 윌라드는 '바코드 신앙'이라고 표현하고 있습니다.

'바코드 신앙'의 핵심은 죄 용서를 받기 위해 굳이 훌륭한 그리스도인이 될 필요가 없다는 것입니다. 꼭 예수 그리스도의 제자가 될 필요는 없으며, 그렇게 안 해도 마치 든든한 화재보험을 든 것처럼 구원받을 수 있다고 보는 것입니다. 그리스도인의 영성이나 됨됨이에 관계없이 그의 외형적 프로필에 '구원'을 나타내는 바코드가 찍혀 있으면, 그냥 구원받은 것으로 인식이 되는 것입니다. 하지만 윌라드는 천국에 가는 것이 아주 중요하기는 하지만, 천국에 가는 것만을 추구하는 신앙의 모습에 대해서는 의문을 가집니다. 현재 사는 이 땅에서도 복음의 깊은 맛을 경험하고 누려야 한다는 것입니다. 이를 위해서는 복음을 바라보는 시각과 초점을 바꾸어 신앙과 삶이 통합되도록 해야 합니다.

예수님이 이 땅에 오신 것은 우리로 하여금 생명을 얻게 하고 더 풍성히 얻게 하려는 것입니다(요 10:10). '죄 관리의 복음'을 넘어 진정한 복음의 의미를 찾고 신앙과 삶이 통합되도록 함으로써 우리는 삶의 풍성함을 경험하고, 주위 사람들에게 베푸는 사랑, 배려와 착한 행실을 통해 더 나은 세상을 만드는 데 기여할 수 있습니다.

반사적 광영

피천득 선생의 수필집 「인연」에 '반사적 광영'이라는 단상이 있습니다. 먼저 '반사적 광영'이 뭔지 말하고 있습니다.

"나는 1945년 크리스마스이브를 저명한 전원시인 로버트 프로스트와 같이 보내고 헤어질 때, 그가 나를 껴안았다는 말을 아니 할 수 없다. 나는 범속한 사람이기 때문에, 달이 태양의 빛을 받아 비치듯, 이탈리아의 플로렌스가 아테네의 문화를 받아 빛나듯이, 남의 광영을 힘입어 영광을 맛보는 것을 반사적 광영이라고 한다."

반사적 광영은 태양 빛을 받아 밤을 훤하게 비추는 보름달처럼, 평범한 사람들이 뛰어난 인물과 어떤 친밀한 관계가 있을 때 느끼는 으쓱한 감정입니다. 과거에는 주로 정치인, 유명 학자나 예술인에 한정되었으나, 최근에는 유명 연예인이나 운동 선수와 친함을 자랑스럽게 여기는 경우가 많아졌습니다. 함께 찍은 인증샷을 인터넷에 올리기도 합니다. 피천득 선생 같은 훌륭한 분도 수필에서 프로스트 작가를 만났다는 자랑스러운 사실을 다음과 같이 털어놓으셨습니다. "사람은 저 잘난 맛에 산다지만, 사실은 대부분의 사람들은 남 잘난 맛에 사는 것이다. 이 '반사적 광영'이 없다면 사는 기쁨은 절반이나 감소될 것이다."

피천득 선생은 사실 대부분의 사람들은 남 잘난 맛에 산다는 것을 예리하게 지적하시며 범인들의 부끄러운 속내를 들추셨습니다. 우리는 종종 학연, 지연 등의 인연에 뿌듯해합니다. 더 나아가 고등학교 동창의 아버지가, 이웃집 아들이, 여행을 함께 다녀온 사람의 딸이 이러이러한 유명인이라는, 남의 영광에 기대어 나의 영광을 맛보는 '반사적 광영'에 점점 익숙해져 가고 있습니다. 대부분의 범생들이 으쓱하며 즐기는 반사적 광영이 이 정도에서 그친다면 나무랄 건 없습니다. 인간 본성의 일부가 발현한 것이니까요.

그런데 이른바 '마당발'이라는 사람들 중에는 '익숙함'을 넘어 반사적 광영이 일상화된 '중독' 증세를 보이는 이들도 상당수 존재합니다. 대화 중 많은 부분을 본인의 스토리보다는, 자신이 쌓은 사회적 네트워크나 반사적 광영 인사와의 절친함을 이야기하는 데 열을 올립니다. 사실 그들이 자랑하는 반사적 광영의 존재는 필부인 경우가 대부분입니다. 다만 어찌어찌해서 현재 재산이 좀 많다거나, 어느 조직에서 높은 지위에 있다는 정도입니다. 만약 피천득 선생이 그 자리에 계셨다면 "그 사람이 반사적 광영? 택도 없는 소리"라고 버럭 고함을 질렀을 것입니다.

흥미로운 것은 반사적 광영의 원천이 자신에게 좀 서운하게 대할 때는, 절친함이 급변해 독설 가득한 험담과 가십으로 바뀌기도 한다는 점입니다. 더더욱 문제가 되는 것은 간혹 이를 악용해 배를 불리는 사람입니다. 귀한 인연을 값싸게 여기는 것입니다. 모방 연예인이라는 직업이 있습니다. 모창가수는 유명 가수의 목소리와 창법을 흉내 내는 가수입니다. 반면에 모방가수는 외모만 비슷하게 복제한 다음, 목소리는 오리지널 가수의 음반을 틀고 본인은 립싱크를 하는 가수입니다. 어떤 모방가수는 사인까지 흉내 내며 진짜 행세를 합니다. 좋아하는 사람을 닮고 싶어 하는 반사적 광영 대신에 생계형 범죄로 변질된 것이지요.

우리는 세상을 살아가는 동안 저마다 자신이 자랑스럽게 생각하며 닮고 싶은 인물상을 갖고 있습니다. 자신의 부모, 은사, 세종대왕, 이순신 장군, 링컨, 마더 테레사 등이 여기에 해당될 수 있겠지요. 인생의 좌표로 삼을 수 있는 롤 모델을 설정해 그분들이 가졌던 사상이나 인생관, 업적 등을 모델로 삼아 본받고 싶어 합니다. 피천득 선생은 자신이 도산 안창호를 흠모하여, 그의 모자와 단장을 닮고 싶어 했던 경험을 다음과 같이 자랑스럽게 이야기합니다.

"선생이 잠깐 방에서 나가신 틈을 타서 선생의 모자를 써 보고 나는 대단히 기뻐했다. 그 후 어느 날 나는 선생이 짚으시던 단장과 거의 비슷한 것을 살 수 있었다. 어떤 친구를 보고 선생이 주신 것이라고 뽐냈더니 그는 애원애원하던 끝에 한턱을 단단히 쓰고 그 단장을 가져갔다."

그는 자신의 욕망을 솔직하게 고백하면서도, 그것이 단순한 모방이 아니라 안창호의 정신을 이어받고 싶은 마음에서 비롯된 것이라고 말합니다. 반사적 광영은 단순히 남을 닮는 것이 아니라, 남의 정신을 이어받고 싶은 마음에서 비롯됩니다. 우리는 반사적 광영을 통해 배우고, 성장하고, 발전할 수 있으므로 인생에 도움이 되는 경우도 있습니다.

세월이 흘러가며 우리가 한때 열광하던 반사적 광영도 노쇠하여 무대 뒤로 사라집니다. 최근에 작고한 유명인과 연예인들을 보여 주는 유튜브 채널도 있습니다. 안타깝고 슬픈 현실입니다.

나에게는 사라지지 않는 어마어마한 반사적 광영이 있습니다. 바로 예수님입니다! 예수님 잘난 맛에 기대어 사는 것입니다. 피천득 선생은 한때 프로스트를 만나고 그와 한 번 포옹했다는 것을 감격스러워했습니다. 또 안창호의 모자를 한 번 써보고 대단히 기뻐했습니다. 예수님은 포옹이나 모자 한 번 써본 정도가 아니라 평생 동행하십니다. 나는 예수님을 닮고 싶고 자랑하고 싶습니다. 밀물과 썰물처럼 왔다가 사라지는 사람이나 명예가 아닌 예수님이 나의 든든한 '뒷배'입니다. 내 영혼의 앨범에는 미소 짓는 예수님과 함께 '치~즈' 하면서 찍은 인증샷이 있습니다.

예수님의 빛나는 광영이 티끌만큼이라도 나에게 반사되어 다른 사람에게 보이게 되기를 간절히 소망합니다. 동시에 나의 부족함과 죄로 인해, 혹여 내가 예수님이 얼굴을 돌리고 싶은 '반사적 굴욕'이 되지 않기를 바랍니다.

4. 거짓과 죄에 대해 민감해지기

악은 선에 기생한다

아담이 창조되었을 때, 삶에는 죽음이라는 개념이 존재하지 않았습니다. 그러나 아담이 죄를 범하면서, 생명에 죽음이라는 원치 않는 이질적인 것이 들어와 기생하게 되었습니다.

가난에 찌들어 살던 1960년대, 인분을 거름으로 재배한 야채는 기생충 알에 오염되어 씻어도 완벽할 수 없었습니다. 국민 대다수가 기생충에 감염될 수밖에 없었죠. 먹을 것도 시원치 않았던 그 시절, 변변치 않은 영양분조차 몸 안에 기생하고 있던 '초대받지 않은 손님'과 나누어야 했습니다. 영양 부족으로 얼굴이 노랗고 빈혈이 많은 등 국민 건강이 좋지 않았습니다. 매년 봄가을 국가적 행사로, 학생들은 교실에서 선생님 앞에 줄 서서 찌그러진 양은 주전자 물로 구충제 '산토닌'을 한 움큼씩 먹었습니다. '기생충 박멸'이라는 구호를 내걸고.

영화 〈기생충〉은 2019년에 공개된 블랙 코미디로, 경제적으로 어려운 한 가족이 부유한 집에 기생하며 벌어지는 사건들을 통해 빈부격차를 냉소적으로 표현합니다. 이 가족은 모두 백수로 생활하다가 아들이 명문 대학 졸업장을 위조해 부잣집 과외 선생으로 일하기 시작합니다. 곧이어 그의 여동생도 이 집 막내아들의 미술 선생님이 됩니다. 부잣집의 단맛을 본 남매는 뛰어난 술수와 연기력으로 사모님을 설득해, 기존 운전기사와 가정부를 쫓아내고 자기들의 아버지와 어머니를 새 운전기사와 가정부로 들이는 데 성공합니다. 결국 온 식구가 주인집 곳곳의 밥줄을 꿰차게 됩니다. 부잣집에 기생하며 살아가는 한 가족이 벌이는 비극의 시작입니다.

'기생'에는 두 가지 의미가 있습니다. 하나는 바깥에서 어떤 경로로 들어와 우리 몸속에 살고 있는 회충 등의 기생충입니다. 한 가족 전부가 어떤 과정으로 부잣집에 들어와 산다는 영화 〈기생충〉도 이 의미입니다. 또 하나는 원래 것의 일부가 나쁜 무엇으로 변해 붙어 있는다는 의미입니다. 예컨대 선에 기생하는 악, 사람 몸의 암 세포, 쇠의 녹 등입니다.

악은 선이 없으면 존재할 수 없습니다. 선이 없으면 악은 그저 아무것도 아닙니다. 종종 "악은 선에 기생한다"라고 말하는 까닭입니다. 선에 기생하는 악한 세력은 자신의 이익을 위해 선의 취약성을 이용합니다. 때때로 선의 장점을 이용하기도 합니다. 악은 자기의 정체가 드러나지 않도록 숨기면서 선을 공격할 기회를 엿보고 있습니다. 영화 〈기생충〉이 보여주는 것처럼, 악은 사람의 신뢰, 선의, 또는 연민을 교묘하게 악용하여 자기 목적을 달성합니다. 그것은 우리 일상생활에 광범위하게 퍼져 있습니다. 몇 사례를 살펴보겠습니다.

자선단체는 어려운 사람들을 돕기 위한 선한 목적으로 운영됩니다. 우리의 눈살을 찌푸리게 하는 일부 자선단체는 기부금을 훔치거나 원래 내걸었던 목적과 다른 용도로 사용합니다. 정치 영역에서 악은 평화, 정의, 자유를 추구하는 선의 가치를 교묘하게 왜곡하여 사람들을 이용합니다. 사람들의 순수함과 신의를 뒤흔든 후, 그들을 조종해 사악한 목적을 달성합니다. 악이 선에 기생하는 영적인 사례는 성경에서도 찾을 수 있습니다. 사도행전에서 아나니아와 삽비라 부부는 재산을 팔아 '모든' 수익금을 교회 공동체에 기부한다고 거짓말을 했습니다. 허영심과 거짓에서 비롯된 악한 마음은 재물을 교회 공동체와 공유하겠다는 선한 생각에 기생하여 결국 그들이 죽는 결과를 초래했습니다.

악은 선에, 암은 건강한 세포에, 녹은 쇠에 기생합니다. 기생하는 것은 숙주 없이는 존재할 수 없습니다. 쇠는 녹이 필요 없지만 녹은 쇠가 필요하고, 암은 건강한 세포가 필요합니다. 선은 악의 존재를 모르기 때문에 악의 교활한 공격에 매우 취약합니다. 악의 공격에 맞서 싸우기 위해서는 선으로 위장하고 있는 악의 실체를 파악하고 있어야 합니다.

미국 시인 '위스턴 휴 오든Wystan Hugh Auden'은 "악은 특별하지 않고 항상 인간적이며, 우리와 함께 자고 함께 먹는다"라고 말했습니다. 사탄은 '빛의 천사'로 가장하여 우리에게 다정하게 나타납니다(고후 11:14). 악이 항상 크고 뚜렷이 보이는 것은 아니며, 괴물이나 악당에게만 있는 것도 아닙니다. 악은 눈에 띄지 않고 매우 인간적일 수 있습니다. 심지어는 우리가 사랑하는 사람들에게도 존재할 수 있습니다. 이런 악의 실체를 파악하고 있어야 맞서 이길 수 있습니다.

독일 작가 '프란츠 카프카Franz Kafka'는 그의 소설 「변신Die Verwandlung」에서 "악은 선을 알고 있지만, 선은 악을 모른다"라고 했습니다. 악은 선의 존재를 알고 그것을 이용하지만, 선은 악의 존재를 모르기 때문에 악의 공격에 취약하다는 것입니다.

위의 카프카의 말에 관련해, C. S. 루이스는 「순전한 기독교Mere Christianity」에서 사람이 악해질수록 자신 안에 기생하고 있는 악을 깨닫지 못하게 된다는 흥미로운 주장을 했습니다. 어느 정도 악한 사람은 자기가 그리 선한 사람이 아니라는 것을 인식하지만, 철저하게 악한 사람은 자기가 악하다고 생각하지 않습니다. 악한 사람은 선의 기준을 잃어버리고, 악이 무엇인지조차 알지 못하게 됩니다. 악에 빠진 사람은 자신의 행동을 합리화하기 위해 다양한 방법을 사용합니다. 자신의 잘못을 다른 사람의 탓으로 돌리거나, 자신의 행동이 원래 선한 목적을 위한 것이었다고 거짓 주장하기도 합니다. 악이 일상화되면, 악은 더 이상 특별한 일이 아니라는 생각이 들게 됩니다. 악에 익숙해지면 악을 악으로 인식하지 못하게 됩니다. 우리가 술에 취하지 않았을 때에는 취한다는 것이 무엇인지 알지만, 취해 있는 동안에는 무엇이 취하는 것인지 모르는 것과 같습니다.

녹과 암은 각각 쇠와 세포에 기생하여 숙주의 파괴를 초래합니다. 쇠가 습기와 산소에 반응하면 붉은 색의 산화철, 즉 '녹'을 형성하는데, 이는 쇠의 구조를 약화시켜 결국 쇠를 파괴시킵니다. 암은 비정상적인 세포의 성장과 분열이 통제되지 않아 '종양'을 형성한 후, 주변 조직과 장기를 침범하며 신체의 다른 부위로 전이될 수 있습니다. 이러한 모든 과정은 결국 숙주의 파괴로 이어집니다.

쇠를 녹슬지 않게 하기 위해 표면에 보호 재료를 코팅하거나 건조한 곳에 보관하는 것처럼, 우리의 인생도 선한 것에 집중하고 강화함으로써 악으로부터 멀어질 수 있습니다. 선한 행동이 반드시 악에 취약하지는 않으며, 때로는 모든 희망이 사라진 것처럼 보일 때조차 선이 악을 극복할 수 있습니다. 이는 선이 사랑, 배려, 이해와 같은 긍정적인 가치에 기반을 두고 있는 반면, 악은 두려움, 증오, 이기심과 같은 부정적인 요소에 뿌리를 두고 있기 때문입니다. 즉 선이 악보다 본질적으로 강하기 때문입니다.

장기적으로 선은 항상 승리합니다. "악에게 지지 말고 선으로 악을 이기라"(롬 12:21)라는 말씀처럼 우리는 선으로 악을 이길 수 있습니다. 선이 악을 이긴 최고의 사례는, 우리 죄를 대속하기 위해 십자가에서 못 박혀 죽으셨지만 사흘 만에 부활하신 예수님입니다. 예수님이 십자가에서 죽으셔서 악이 승리하는 듯 보였지만, 부활하심으로 악의 궤계를 이기신 것입니다.

16세기 종교개혁가인 마틴 루터는 "거룩한 자라도 그 육신에는 사탄의 악이 있다. 다만 그것을 따르지 않을 뿐"이라고 말했습니다. 예수 그리스도를 믿음으로 구원받은 사람도 여전히 "육신에 사탄의 악"을 가지고 있기 때문에, 계속 죄와 유혹과 싸우고 있습니다. 유혹이 얼마나 강력하고 치명적인지는 유혹에 맞서 치열하게 싸웠거나, 유혹에 걸려 넘어진 사람 외에는 모릅니다. 이와 관련해 어느 기독교 변증가는 다음과 같이 말했습니다. "강간이 무엇인지 이해할 수 있는 사람은 강간범이 아니라 강간당한 여인뿐이다. 모욕이 무엇인지 이해할 수 있는 사람은 모욕을 준 사람이 아니라 모욕을 당한 사람이다. 악이 무엇인지 우리에게 설명할 수 있는 존재는 우리 죄를 위해 죽으신 예수님뿐이다."

하나님이 베푸신 은혜의 역사에도 불구하고 우리에게 죄와 유혹은 여전히 남아 있습니다. 하지만 악은 어떤 모양이라도 버리고, 항상 선을 따라야 합니다. 하나님이 주신 성령의 능력으로 말미암아 선으로 악을 넉넉히 이길 수 있기 때문입니다.

거짓말에 대한 탐구

거짓말은 사실이 아닌 것을 사실인 것처럼 말하는 행위입니다. 오늘 하루 거짓말을 몇 번 하셨습니까? 관심 있게 세어 보지 않아 모르시겠지요. 거짓말 없이 하루를 보냈다고 생각하는 분도 있고, 상황 때문에 어쩔 수 없이 거짓말을 했다는 분도 있을 것입니다.

거짓말 연구를 하는 전문가들의 주장을 들어보겠습니다. 거짓말 전문가라고 일컫는 '파멜라 메이어Pamela Meyer'는 그의 저서「거짓말 탐지: 속임수를 탐지하는 입증된 기법Liespotting: Proven Techniques to Detect Deception」에서 인간은 하루에 10~200회 정도의 거짓말을 한다고 합니다. 일본의 심리학자 '감바 와타루'에 따르면, 사람들은 평균 8분마다 거짓말을 한다고 합니다. 하루에 약 180번의 거짓말을 한다는 것이죠. 선의의 거짓말 혹은 사소한 거짓말까지 포함하면, 아마 거짓말 없는 하루는 드물 것 같습니다.

　사람들이 거짓말을 하는 이유는 다양합니다. 원만한 인간관계를 위해서 하는 마음에 없는 칭찬 같은 선의의 거짓말, 늦잠을 자서 약속에 늦었는데 도로가 막혀서 늦었다는 변명 같은 자기방어적 거짓말, 다급한 상황을 벗어나기 위한 거짓말, 누구를 보호하기 위한 거짓말, 과시하기 위한 허세형 거짓말, 자신의 이익을 도모하기 위한 거짓말, 악의적 목적을 가진 의도적 거짓말 등이 있겠지요.

　거짓말은 오랜 인간 역사의 한 부분입니다. 최초의 거짓말은 성경 창세기 3장에 나오는 장면일 것입니다. 하나님이 아담에게 선악과를 먹지 말라고 하셨습니다. 그런데 뱀(사탄)은 하와에게 그 열매를 먹으면 눈이 밝아져 하나님과 같이 될 것이라고 거짓말을 합니다. 하와는 뱀의 말을 듣고 그 열매를 먹고, 그의 남편 아담도 그 열매를 먹습니다. 이로 인해 인간은 죄인으로 타락하게 됩니다.

　본격적인 거짓말은 언어의 진화와 함께 시작되었다고 합니다. 언어는 의사소통을 위한 도구지만, 속일 때 사용하는 도구이기도 합니다. 흥미로운 것은 거짓말이 예술, 문학, 영화 등 다양한 분야에서 창의적인 표현의 도구로 사용되기도 한다는 것입니다. 흥행에 성공한 영화는 대부분 거짓과 음모가 복잡하게 얽힌 스토리입니다. 인간은 거짓에 매우 익숙할 뿐 아니라, 심지어 즐기는 것 같습니다.

거짓말은 관계를 손상시키고 신뢰를 깨뜨립니다. 무엇이 참이고 거짓인지 분간하기 어려운 요즈음입니다. 세상에는 옳고 그름의 법칙이 있는데, 요새는 옳고 그름이 없고 자유만 소리 높여 주장합니다. 거짓이 진실의 가면을 쓰고 오히려 더 당당하게 거짓을 주장하는 세상이 되었습니다. 거짓이 발각되었는데도 일말의 창피함이나 뉘우침이 없습니다. 오히려 "모두가 다 그러는데, 왜 나만 가지고 그래? 내가 재수가 없어서 발각되었을 뿐인데…"라는 불평을 늘어놓습니다. 양심이 상실된 인간들로 가득한 세상의 종말을 목격하는 것 같은 느낌입니다.

점점 부끄러움이 없는 난잡한 세상이 되어가고 있다는 느낌입니다. 특히 정치권이 그렇습니다. 뻔한 거짓말을 해놓고 진실이라고 우기는 사람들이 너무 많아졌습니다. 어디선가 그런 사람들이 대량 생산되는 듯한 느낌을 지울 수가 없습니다. 출생하면서 하나님이 각 인간마다 챙겨 주신 양심은 어디에 두고 왔는지 모를 지경입니다.

우리가 만일 거짓말이 불가능한 세계에 산다면 어떨까요? 거짓말이라는 개념이 없을 뿐 아니라, 거짓말이라는 단어 자체가 없는 겁니다. 어느 누구도 거짓말을 하지 못합니다. 거짓으로 뭔가 말을 할 수 없기에, 소설도 없고, 영화나 드라마도 존재하지 않고 다큐멘터리뿐입니다. 그런 세상 상상이 가십니까? 그런데 어느 날 주인공은 우연히, 본의 아니게 거짓말을 하게 됩니다. 생각지도 않은 금전적 이익을 보게 됩니다. 첫 거짓말에 재미를 본 그는 또 거짓말을 이용해 돈을 벌게 됩니다. 거짓말의 묘미를 알게 된 그가 거짓말을 점점 악용하기 시작하면서 그의 인생은 180도 달라지기 시작합니다. 사람들이 전혀 거짓말을 못한다는 설정으로 2009년 제작된 영화 〈거짓말의 발명The Invention of Lying〉은 이런 아이디어로 만들어졌습니다. 거짓말이 없는 세상이기에 거짓말을 무조건 믿는 세상입니다. 이 영화는 "과연 우리의 삶에서 거짓말은 필요한가?"라는 원초적인 질문을 던집니다. 단순하지만 기발한 생각으로 이야기를 풀어나가는 이 영화는, 거짓말이 없는 세계를 그리면서 현실 세계를 풍자하고 있습니다.

"거짓말의 대가代價는 무엇인가요? 거짓말의 대가는 거짓말을 많이 듣다 보니 진실을 인지하는 능력을 완전히 상실하는 것입니다." 이 말은 1986년 4월 소련 우크라이나 체르노빌에서 발생한 원자력 발전소 사고를 주제로 2019년 공개한 미국 드라마 〈체르노빌Chernobyl〉에서 나오는 대사입니다.

체르노빌 원자력 발전소 사고는 소련 정부의 거짓말과 은폐로 인해 더 심각해졌습니다. 소련 정부는 사고 발생 초기에는 사건을 숨겼고 심각성도 축소했습니다. 그 결과 방사능 누출로 수백만 명이 피난을 떠났고 수천 명이 사망했습니다. 체르노빌 사건은 거짓이 얼마나 위험한 것인지를 잘 보여 주고 있습니다. 처음에는 진실을 일시적으로 숨기거나 왜곡하는 데 사용되지만, 거짓말을 계속 반복해서 듣게 되면서 진실을 인지하는 능력을 상실한 것입니다.

영국의 정치가 '벤저민 디즈레일리Benjamin Disraeli'는 거짓말을 '그럴듯한 거짓말', '새빨간 거짓말', 그리고 '통계'의 세 가지 종류로 구분했습니다. 통계의 과학적 허구성과 오류, 착시에 대해 아픈 지적을 한 것입니다. 공공 기관에서 발표하는 통계 자료는 나라의 모든 미래 정책을 수립할 때 참고로 사용되는 중요한 정보입니다. 따라서 통계 자료의 진실성과 정확성이 무엇보다 중요합니다. 과거 통계청 등 정부 기관에서 발표했던 통계 자료가 국민을 속이기 위한 정치적 목적으로 조작되었다는 기사를 접한 적이 있습니다. "통계도 거짓말의 하나일 수 있다"는 디즈레일리의 주장이 21세기 한국에서 실증되는 현실에 참 마음이 아픕니다.

독일의 통계학자 '발터 크래머Walter Kramer'가 2009년 출간한 「벌거벗은 통계So lugt man mit Statistik」는 각종 숫자와 데이터를 가지고 만들어진 통계가 어떻게 사람들을 현혹시키고 잘못된 결론으로 이끄는지를 잘 보여 줍니다. 그는 많은 사람들이 진실을 밝히기 위해서가 아니라, 자신의 주장을 뒷받침하려는 목적으로 통계를 교묘하게 이용한다고 주장했습니다.

두 가지 예를 보겠습니다. 청년 사망자들 중 특이한 것은 자살이 큰 비중을 차지한다는 주장입니다. 너무나 당연한 주장입니다. 왜냐하면 청년들이 자살, 살해, 사고로 죽는 경우가 노인성 질환이나 암 등으로 사망하는 경우보다 절대적으로 많기 때문입니다. 다시 말하면, 청년기에서는 노인성 질환이나 암보다는 자살, 살해, 사고가 거의 유일한 사망 원인이기 때문에 사망자들 중 자살자의 비율이 높은 것은 전혀 놀랍지 않은 것이지요. 혹자는 시속 50km로 달릴 때가 200km로 달릴 때보다 사고가 더 많이 발생한다는, 조금 직관적이지 못한 주장을 합니다. 그런데 이 주장이 맞습니다. 왜냐하면 200km 속도로 운전하는 사람은 거의 없기 때문에 사고가 적을 수밖에 없는 것입니다. 낮 동안에 밤보다 더 많은 사고가 나는 것도 같은 이유입니다. 통계는 통계일 뿐, 맹신하지 말아야 한다는 교훈을 줍니다.

"내가 곧 길이요 진리요 생명이니"(요 14:6)라는 말씀처럼 진리 자체인 하나님은 거짓과 대척점에 계십니다. 거짓은 궁극적으로 사탄에게 속한 것입니다(요 8:44). 거짓말은 하나님에 대한 불신과 적극적인 불순종의 표시입니다. 기독교에서 거짓말에 대한 정죄는 매우 엄합니다. 성경은 "거짓말하는 모든 자들은 불과 유황으로 타는 못에 던져지리니"(계 21:8)라고 말씀하고 있습니다.

거짓말은 불신을 낳고, 공동체와 사회 전반의 관계 구조를 무너뜨리기 때문에 그리스도인들은 진리를 말하고 거짓을 배격해야 합니다(엡 4:25). 거짓말은 인간관계뿐 아니라 하나님과의 관계도 심각하게 손상시킵니다. 성경에 나오는 '아나니아와 삽비라' 사건(행 5:1-11)은 예수님 이후 하나님의 즉결 심판이 행해진 유일한 경우입니다. 하나님은 거짓을 결코 가볍게 여기지 않으신다는 것을 보여 줍니다.

잘못된 정보, 조작된 정보, 절반만 진실인 것이 특징인 이 세상에서, 정직은 그 어느 때보다 소중합니다. 기독교의 가르침은 지속적으로 거룩과 정직의 중요성을 강조하고, 진실의 개념을 하나님 성품의 본질과 연결시킵니다. 사회에 넘쳐흐르는 거짓과 타락에 맞서 대항함으로써, 정직하고 평화로운 세상을 만드는 데 조금이라도 기여할 수 있기를 소망합니다.

진실의 가치가 존중받는 사회

급속하게 기술이 발전하는 AI 시대에 우리는 점점 더 모호해지는 진품과 가짜의 경계에 서 있습니다. 사람의 이미지와 목소리도 다양한 형태의 '가짜'가 범람하는 시대가 되었습니다. 영국의 작가 'GK 체스터턴 Gilbert Keith Chesterton'은 사람은 허구를 너무나도 그들 자신에게 잘 맞게 만든다고 말했습니다. 현대의 기술력은 거짓말을 진실처럼 만드는 능력을 향상시켜, 우리는 종종 진리를 믿는 게 불가능해 보이는 현실 속에 살게 되었습니다.

유명 브랜드 제품의 불법 복제품을 '짝퉁'이라고 부릅니다. 모조품이라는 의미 외에도, 정품에 비해 품질이 현저히 떨어지는 것을 비하하는 의미이기도 합니다. 짝퉁 제품은 1970년대에 한국과 대만에서 많이 생산되었다가, 1990년대 이후에는 중국에서 많이 생산되고 있습니다.

짝퉁을 만드는 방법도 발전합니다. 흥미로운 것은 짝퉁이 진화를 거듭하여, 최고급 짝퉁을 지칭하는 이른바 '슈퍼 페이크'의 자리에 등극하는 것입니다. 슈퍼 페이크들은 오리지널 명품 브랜드 제품과 외형상으로 유사할 뿐 아니라, 품질도 진품과 다를 바 없는 물건들입니다. 말하자면 짝퉁이 명품에 가까워지기 위해 한없이 노력한 결과, 또 다른 명품이 되어 버린 경우입니다. 품질은 본래의 명품에 손색없는 수준인데 가격만 저렴한 것입니다. 시계나 구두, 옷 등의 명품은 슈퍼 페이크가 가장 판을 치는 분야입니다.

몇 가지 이유가 있습니다. 명품은 대부분 가내 수공업 스타일로 생산이 가능합니다. 시계나 구두, 옷 등은 작은 공방에서 경험이 풍부한 장인 몇 명만 작업하면 수준급의 제품을 만들 수 있기 때문입니다. 명품의 주 수요층은 누구입니까? 다른 이들에게 과시하기 위해 고가의 명품을 사는 사람들입니다. 즉 그들에게는 명품의 성능 등의 사용가치보다는, 로고가 확실히 박혀 있고 다른 사람들이 짝퉁이라고 눈치채지 않을 만큼이면 되는 것이죠. 따라서 오리지널과 별 차이가 없는데 짝퉁이라는 이유로 아주 저렴하다면 그들에게 아주 매력적인 대안이 되는 것입니다. 수많은 사람들이 짝퉁 롤렉스 시계나 짝퉁 프라다 핸드백을 삽니다. 명품 시계를 굳이 시간 보려는 목적으로 사는 사람도 없고, 만 원짜리 짝퉁 핸드백이나 오백만 원짜리 명품 핸드백이나 과시하며 들고 다니는 데는 별 차이가 없기 때문입니다. 명품 제조사의 본사 전문가가 슈퍼 페이크 제품을 보고서 "자사 제품이 맞는 것 같다"라는 웃지 못할 반응을 보였다고 합니다.

가짜는 소비자 제품에만 있는 것이 아닙니다. 사회 및 문화 영역에도 가짜가 기세를 떨치고 있습니다. 단순하지만 가짜 과속 방지턱부터 생각해 보겠습니다. 도로 바닥에 일반 과속 방지턱과 같은 무늬로 칠을 해서, 운전자가 전방에 방지턱이 있다고 믿게 해 속도를 줄이도록 유도하는 것입니다. 속도를 줄여 가짜 과속 방지턱을 지나면 비로소 그것이 가짜인 것을 알게 됩니다. 속았다는 생각에 유쾌하지는 않지요. 진짜 과속 방지턱을 만드는 비용을 줄이기 위해 가짜를 섞어 놓은 것은 알겠지만, 정서적으로 찜찜한 느낌을 지울 수 없습니다.

나를 슬프게 하는 또 하나는 가짜 나무입니다. 많은 건물이나 매장 공간에 녹지와 자연의 모습을 나타내기 위해 가짜 나무를 설치합니다. 이제는 화학 재질, 제조 공법, 디자인의 발달로 인해 가짜 나무를 구별하기가 정말 어렵습니다. 만져 보거나 냄새를 맡아 보기 전에는 식별이 어려운 거지요. 인공물은 미학에 대한 피상적인 욕구를 충족시킬 수 있지만, 진짜 나무의 이점을 제공하지 못합니다. 뿐만 아니라 가짜 나무라는 것을 알았을 때 생기는 실망감은 얼마나 큰지요. 집이나 사무실 공간에서 살아있는 나무가 뿜어내는 생명력의 맛과 신비를 알기 때문에 가짜 나무는 견디기 어렵습니다.

가짜 뉴스는 특정 집단이 사악한 목적을 달성하거나 사람들의 분노, 두려움, 혐오를 자극하기 위해 사실을 왜곡하거나 조작하여 만든 악의적인 콘텐츠입니다. 가짜 뉴스를 퍼뜨리는 일부 사람들은 종종 현란한 말솜씨와 연기로 피해자 또는 '정의의 사도'처럼 보이려 하며, 이를 통해 대중을 선동합니다. 특히 우려되는 것은 가짜 뉴스가 암세포처럼 최근 몇 년 동안 점점 더 확산되고 있다는 점입니다. 가짜 뉴스는 종종 분노와 폭력을 조장하고, 여론을 왜곡하여 사람들의 판단력을 흐리게 하므로 사회를 혼란에 빠뜨릴 수 있습니다. 가짜 뉴스는 불의가 공정과 정의를 밀어내는 촉매제로 작용해 건전한 사회를 위협하고 있습니다.

더욱 심각한 것은 이러한 가짜 뉴스를 검증도 않은 채, 심지어는 가짜인 것을 알면서도 특정 목적을 가지고 퍼 나르는 뉴스 및 유튜브 채널입니다. 가짜 뉴스가 사실이 아님이 밝혀졌을 때도, 이를 조작한 사람이나 뉴스 채널은 최소한의 사과도 하지 않습니다. 사람은 도덕과 양심이라는 게 있는데, 이들은 양심의 하한선도 없다는 느낌입니다.

거짓으로 대중을 선동한 대표적 인물로 나치 독일의 선전장관인 '요제프 괴벨스Joseph Goebbels'를 꼽을 수 있습니다. 그는 대중을 선동하는 탁월한 능력과 언변을 가지고 있었습니다. 그는 "거짓말은 처음에는 부정되고, 그다음에는 의심받지만, 같은 거짓말을 되풀이하면 결국 모든 사람이 믿게 된다"라고 주장하며, 거짓말을 효과적으로 전달하기 위해서는 반복과 강조가 중요하다고 말했습니다. 또한 "뻔히 드러나는 거짓말 100개보다는 99개의 거짓말에 1개의 진실이 결합하면 강력한 효과를 낸다"라며, 거짓말과 진실을 적절히 배합하는 것이 중요하다고 말했습니다.

괴벨스는 거짓말을 하기 전에 먼저 대중의 마음을 사로잡아야 하며, 이를 위해 큰 거짓말을 하여 사람들의 상상력을 자극하고, 그들이 믿고 싶어 하는 것을 제공해야 한다고 말했습니다. 그는 사람들의 감정과 분노를 유발시켜 자기들이 추구하는 목표에 더 많이 참여하도록 선동합니다. 이것이 괴벨스와 같은 선동 정치가들이 많은 팬덤 지지자를 확보하는 방법입니다. 팬덤 지지자들은 영혼을 상실한 듯, 선동가의 말을 맹목적으로 믿고 행동합니다. 사이비 종교의 추종자들이 교주에게 하듯, 팬덤 지지자들은 때때로 선동가의 이익을 위해 자신의 이익을 희생하기도 하며, 시위나 폭력적인 행동을 서슴없이 하기도 합니다. 이러한 수법으로 괴벨스는 나치 독일의 선전을 성공적으로 이끌었고, 결국 독일 국민을 전쟁에 동원하는 데 성공했습니다.

기독교 신앙의 오랜 역사에도 가짜 신앙과 거짓 선지자들이 종종 나타났습니다. 기본적으로 예수 그리스도의 가르침을 따르지 않는 사람은 가짜로 간주될 수 있습니다. 그리스도인이라고 주장하지만 위선적이고 오만하며 부정직하거나 탐욕스러운 사람, 심지어 남에게 해를 입히기 위해 기독교를 이용하는 사람 등이 이에 해당될 것입니다.

가짜 신앙의 대표적인 예로, 중세 시대에 돈으로 죄를 사면할 수 있다고 주장한 면죄부 판매가 있습니다. 이는 당시 교회의 부패를 보여 주는 사례로, 종교 개혁의 원인이 되었습니다. 최근에는 일부 사이비 교회가 교인들을 속여 금전적 이득을 취하거나 잘못된 교리를 전파하는 경우도 있습니다.

교리적으로도 거짓 가르침이 적지 않습니다. 예를 들면, 믿음뿐 아니라 선행을 통해서도 구원을 얻을 수 있다는 가르침이나, 구원과 영생을 예수님뿐만 아니라 다른 종교를 통해서도 얻을 수 있다는 다원주의 등이 있습니다. 이러한 거짓 가르침은 사람들의 믿음에 부정적인 영향을 미치고, 진리로부터 멀어지게 할 수 있습니다.

이유가 무엇이든, 거짓과 가짜는 죄악입니다. 가짜가 범람하면 거짓과 진실을 분별하기 어려워져 건전한 공동체의 토대인 신뢰가 붕괴될 수 있습니다. 사회 곳곳에 거짓과 혼란이 만연하는 요즈음, 진실의 가치가 존중받는 사회가 더욱 그리워집니다.

악화가 양화를 밀어내다

16세기 영국의 헨리 8세 시절, 정부는 보유한 은을 아끼기 위해 새로운 은화를 발행하면서 은의 함량을 줄이기로 했습니다. 발행된 은화 중 60%는 은 함량이 높은 좋은 은화(양화)로, 나머지 40%는 은 함량이 낮은 은화(악화)로 만들었습니다.

화폐가 유통되는 과정에서 사람들은 은 함량이 높은 양화를 얻으면 사용하지 않고 집에 보관해 두곤 했습니다. 그 결과, 시장에서는 은 함량이 높은 양화가 사라지고, 은 함량이 낮은 악화만 유통되었습니다. 이렇게 두 가지 다른 가치의 화폐가 동시에 존재할 때, 사람들은 가치 있는 화폐는 모아 두고 가치가 덜한 화폐만 시장에서 사용하게 됩니다. 이런 현상을 "가치가 낮은 돈이 가치 높은 돈을 몰아낸다" 또는 "악화가 양화를 구축한다(밀어낸다)"라고 처음 언급한 '토마스 그레샴'의 이름을 따서 '그레샴의 법칙Gresham's law'이라고 부르고 있습니다.

그레샴의 법칙을 쉽게 말하면, 가짜나 나쁜 것이 진짜 혹은 좋은 것을 밀어내고 떡하니 안방을 차지하는 현상입니다. 간단한 예로, 정직하며 선량한 사람이 밀려나고 교활한 사람이 득세하는 사회 현상, 혹은 우리 몸이 인스턴트 음식 맛에 길들여져 몸에 좋은 자연식품을 외면하게 되는 현상 등을 생각할 수 있습니다. 사회적으로 심각한 것은, 사이비 종교와 과격한 팬덤 선동가들이 사회를 혼란스럽게 하고 사람의 영혼을 피폐하게 만드는 악마적 행태입니다.

사이비 종교는 포섭 대상자에게 처음에 매우 친절하고, 공동체 생활을 통해 소속감과 보호받고 있다는 느낌을 제공합니다. 또한 개인적인 문제와 어려움을 해결해 마치 구원의 길을 제시하는 것처럼 말하며 영적인 위안을 줍니다. 포섭된 사람들을 세뇌해 종교적 신념을 흔들어 놓고 교주에게 종속시킵니다. 사이비 종교에 빠진 사람들은 종종 가족과 친구들과 단절되고, 경제적 어려움을 겪으며, 정신적으로 고통을 받으면서 성적 학대를 당하기도 합니다. 현대의 혼란한 사회에서 거짓이 진실의 가면을 쓰고 더 당당해지면서 기승을 부리고 있습니다.

"악화가 양화를 구축한다"는 그레샴의 법칙이 치명적으로 적용되는 영역은 우리 마음에 자리 잡은 '영적 우상'입니다. 고대 이집트에서 오랫동안 노예로 고난받던 이스라엘 백성이 이집트를 나와서 벌어지는 일을 보겠습니다.

하나님의 지시에 따라, 모세가 이집트에서 430년 동안 종살이를 하던 이스라엘 백성을 이끌고 나왔습니다. 바다가 갈라지는 기적을 경험한 홍해를 건너, 거친 시나이 광야로 나왔습니다. 하나님이 밤낮으로 그들을 보호하시고, 만나와 메추라기로 먹이셨습니다. 하나님께서 이스라엘 백성들에게 가나안을 주겠다고 약속하셨지만, 그들은 하나님의 약속을 까맣게 잊었습니다.

광야에서 모세가 십계명을 받기 위해 40일간 시나이산에 올라가 있는 동안 백성들은 불안했습니다. 황량한 광야에서 하나님도 안 보이고, 리더인 모세도 곁에 없으니까요. 불안과 두려움이 있지만 하나님을 바로 만날 수 없습니다. 하나님을 대면할 수 없으니 불편하고 불안했습니다. 결국 그들은 언제나 필요할 때 만날 수 있도록, 이집트에서 그들을 인도하여 낸 하나님을 눈에 보이게 '만들기'로 했습니다. 어떤 모양으로 만들까 고민한 끝에, 과거 이집트에서 많이 봐서 눈에 익숙한 금송아지상이 그들의 머리에 떠올랐습니다. 자신들이 통제할 수 있고 볼 수 있는 하나님을 '금송아지'로 형상화했던 것입니다. 이제 힘들게 하나님을 찾아 제사를 지낼 필요도 없이 그냥 금송아지에게 절하고 제물을 바치는 것으로 모든 절차가 끝나게 되었습니다.

그들이 원하는 대로 조종할 수 있는 금송아지 우상이 참

편리하게 느껴졌을 것입니다. 이스라엘 백성에게는 금송아지 우상을 채택한 일이 신앙의 혁신처럼 느껴졌을지 모릅니다. 이제 가짜 하나님인 '금송아지'(악화)가 이스라엘 백성의 마음에서 진짜 하나님(양화)을 몰아낸 것입니다. 하나님의 시각에서 보면 기가 찰 노릇입니다.

우상은 금송아지에 그치지 않습니다. 오늘날 우리의 영적인 신앙생활에도 세상적인 것(가짜)이 영적인 것(진짜)을 몰아내고 그 자리를 차지하는 그레샴의 법칙이 적용될 수 있습니다. 종종 재물, 권력, 지위, 명예, 건강 등이 우상(가짜 하나님)이 되어, 우리 마음에서 하나님을 몰아내는 경우가 많습니다.

일부 교회에서 진정한 영적 성장을 위한 신앙 활동보다, 화려한 외양과 세상적 니즈를 만족시키는 활동에 관심을 두는 경우가 있습니다. 그 결과 진정한 신앙을 추구하는 사람들이 교회를 멀리하게 되고, 그럴듯해 보이는 표면적인 활동만이 남게 될 수 있습니다. 또 물질적인 번영이나 성공을 신앙의 핵심 가치로 강조하는 경우가 있습니다. 이러한 '번영 복음'은 진정한 영적 가치를 추구하는 '진정한 복음'의 자리를 밀치고 들어와 주인 행세를 할 수 있습니다.

우상과 물질 만능주의가 만연하고 비정상이 정상의, 불의가 정의의 가면을 쓰고 활개 치는 오늘날, 가짜가 진짜를 몰아내고 주인 행세를 하는 그레샴의 법칙이 사라지게 되기를 소망합니다.

죄를 크게 보는 전자현미경

야구에서 홈런을 친 타자가 종종 하는 말이 있습니다. "오늘은 투수가 던지는 볼이 유난히 크게 보였다"입니다. 타자가 볼을 잘 치기 위해서는 볼이 크게 보이도록 해야 합니다. 볼이 크게 보이면 볼의 속도, 궤도, 회전을 잘 파악해 원하는 방향으로 공을 치기 쉽습니다. 따라서 타자는 나름대로 볼이 크게 보이도록 하는 방법을 연마합니다. 예컨대, 투수가 공을 던질 때 눈을 크게 떠 볼에 집중하여 타격할 스파트가 크고 정확히 보이도록 할 수 있습니다.

야구 타자와 그리스도인은 공통점이 있습니다. 야구 타자가 "볼을 잘 치기 위해" 노력하듯이, 그리스도인은 "죄를 피하기 위해" 노력합니다. 그들 모두는 볼과 죄를 크게 보기를 원합니다. 곰곰이 생각해 보면, 어느 분야건 고수들은 서로 통하는 바가 있는 것 같습니다. 야구 타격의 고수에게는 볼이 크게 보이고, 신앙의 고수에게는 자기 죄가 크게 보이니까요.

죄는 종종 자신을 작게 혹은 별로 중요하지 않은 것처럼 보이도록 속입니다. 죄가 작게 보이면 우리는 그 심각성을 인지하기 어려워지고, 결과적으로 죄가 놓은 덫에 걸려 범죄할 가능성이 높아집니다. 죄의 존재를 확실히 알아 범죄하지 않으려면, 자신이 범하려는 죄가 크게 보이도록 해야 합니다. 죄가 크게 보인다는 게 무슨 말이냐고요?

이에 관련된 에피소드 하나를 공유하겠습니다. 1990년 미국 동부 코네티컷주 '덴버리Danbury'에 위치한 어느 집에서 몇 분과 함께 방지일 목사님을 모시고 말씀을 나눈 적이 있었습니다. 그 당시 목사님은 80세 가까운 연세였지만 정정하셨고 영적 권위가 대단했습니다. (목사님은 평생 복음 전파에 힘쓰시다 2014년 104세로 소천하셨습니다.)

그 모임에서 나는 목사님께 "간단히, 신앙이 무엇이라고 생각하십니까?"라는 좀 당돌한 질문을 드렸습니다. 목사님 답변은 좀 의외였지만 신앙의 급소를 찌른 명언이었습니다. "초신자는 있는 죄도 못 보지만, 신앙이 성숙될수록 자기의 죄를 보는 현미경의 배율이 높아지는 것"이라고 하시며 "정말 신앙이 높아지면, 죄가 아닌 것 같은 미미한 죄도 산더미 같은 큰 죄로 보이게 된다"라고 부연 설명하셨습니다. 신앙이 성숙한 그리스도인은 "죄를 보는 전자현미경"을 가지고 있어서, 죄에 대해 매우 민감하게 된다는 말씀이었습니다. 목사님의 그 말쏨이 큰 울림이 되어, 지금도 뇌리에 생생히 남아 있습니다.

성숙하지 않은 그리스도인은 죄에 대해 둔감할 수 있습니다. 자신의 죄를 깨닫지 못합니다. 죄를 깨닫더라도 심각하게 받아들이지 않습니다. 이에 반해, 성숙한 그리스도인은 사소한 죄에 대해서도 아주 예민하게 반응합니다.

성숙한 그리스도인이 죄에 대해 민감한 이유는 무엇이겠습니까? 하나님과의 관계를 무엇보다 중요시하기 때문입니다. 죄는 하나님과의 소통을 가로 막기 때문에, 죄를 지니고 있는 상태에서 거룩한 하나님 앞에 서는 것이 얼마나 고통스러운지를 지난날의 경험을 통해 알고 있습니다. 그래서 죄에 대해 진절머리를 치는 것입니다.

야구에서 타자는 투수가 던진 볼이 크게 보여야 원하는 방향으로 잘 칠 수 있는 것처럼, 죄가 크게 보여야 죄의 본질과 파괴력을 감지할 수 있으므로 죄를 멀리할 수 있습니다. 방지일 목사님의 말씀은 죄에 대한 민감성을 일깨워 주었습니다.

방지일 목사님의 "성숙한 신앙인일수록 죄를 보는 배율이 높은 전자현미경을 가지고 있다"는 말씀과 연관해 사도 바울이 디모데전서 1장 15절에서 "죄인 중에 괴수"라고 고백한 것을 생각해 보았습니다.

바울은 베냐민 지파 출신의 유대인이며, 동시에 로마 시민이었습니다. 어려서부터 엄격한 바리새인 가정교육을 받았으며, 히브리어와 구약성경에 정통했고, 유대교 최고 랍비인 가

말리엘로부터 교육을 받았습니다. 바울은 유대교의 엄격한 교육을 받고 율법과 형식을 중시하는 바리새인이었습니다. 예수를 믿는 사람들을 박해하는 데 앞장섰습니다. 그러나 그는 다마스커스로 가는 도중에 예수님을 만난 후, 자신의 삶을 완전히 바꾸고 제자가 되었습니다. 이후 죽음을 포함해 말로 다 할 수 없는 핍박과 고난에도 불구하고 그리스도의 복음을 세계에 전파한, 역사상 가장 위대한 전도자가 되었습니다.

바울은 예수님을 만난 후 거듭난 사람이므로, 더 이상 큰 죄를 짓지는 않았을 것입니다. 그럼에도 자신을 죄인 중의 괴수라고 고백한 것은, 과거에 예수 믿는 사람들을 박해했던 죄에 대한 회개와 겸손이었을 가능성이 높습니다. 바울은 예수님을 만나 회심하기 전에는 끔찍한 죄에 얽매인 자로서 하나님의 진노와 심판을 피할 수 없는 대상임을 알았던 것입니다. 바울이 과거 자신이 저질렀던 죄를 되돌아볼 때, 얼마나 크게 보였을까 하는 생각을 해봅니다.

사도 바울이 자신을 "죄인 중에 괴수"라고 탄식한 것도 방지일 목사님이 말씀하신 "신앙이 성숙할수록 죄를 보는 전자현미경을 가지고 있다는 것"과 같은 맥락일 것입니다. 바울은 자신의 과거 죄를 회개하고 그리스도의 은혜로 새롭게 태어났지만, 여전히 자신의 죄성을 완전히 벗어날 수 없다는 것을 뼈저리게 느꼈던 것입니다.

전자현미경을 사용하듯, 성숙한 그리스도인은 겨자씨만큼

작은 죄에도 매우 민감합니다. 죄의 위험성과 파괴력을 익히 알고 있고, 하나님 앞에서 거룩한 삶을 열망하기 때문입니다. 세상에는 우리를 유혹하여 넘어뜨리고자 하는 죄가 사방에 널려 있습니다. 언뜻 별것 아닌 것 같은 미미하게 보이는 죄도 크게 확대해 보면 심각한 것일 수 있습니다. 죄는 효모를 넣은 빵 반죽처럼 슬금슬금 커지기 때문입니다. 죄의 실체를 정확하게 파악해야 바르게 대처할 수 있습니다.

죄를 크게 확대해 보는 전자현미경을 가지고 있습니까? 배율은 얼마나 됩니까?

악의 평범성

나는 알고 있습니다. 아무리 의롭고 거룩하게 보이는 인간도, 안에는 악이 기생충처럼 똬리를 틀고 은밀하게 자리 잡고 있다는 것을. 인간은 계속해서 죄와 유혹에 시달리고 있습니다. 죄와 유혹이 얼마나 강력하고 치명적인지는 이에 맞서 싸워 본 사람 외에는 모릅니다.

악은 우리가 흔히 상상하는 뿔 달린 괴물이나 상상 속에 머물러 있는 존재가 아닙니다. 악은 일상의 가장 익숙한 모습으로 우리 곁에 존재합니다. 너무나 익숙해져서, 그 존재조차 인식하지 못하는 경우도 있습니다. 얼굴에 미소를 지으며 우리를 유혹합니다. 그림자처럼 우리를 따라다니며 우리의 행동 속에서 불쑥불쑥 그 실체를 드러내곤 합니다. 몸의 근육이 조금씩 파괴되면서 나중에는 몸을 움직일 수 없게 되는 루게릭병처럼, 죄악으로 인해 생각의 근육이 점점 약화되어 결국 파멸에 이르게 됩니다. 악으로 인한 치명적인 결과입니다. 이제 우리 영혼에 악이 스며들어가 있는 경우를 살펴보겠습니다.

1961년 예루살렘에서 진행된 특별한 재판은 세계의 관심을 끌었습니다. 이 재판의 주인공은 2차 대전 때 유대인 학살 프로그램의 주요 설계자 중 하나인 독일 나치 친위대 장교인 '아돌프 아이히만Adolf Eichmann'이었습니다. 그는 전쟁 후 아르헨티나에 숨어 살고 있었으나, 이스라엘 정보부의 끈질긴 추적 끝에 체포되어 이스라엘로 압송되어 재판을 받게 되었습니다.

흥미로운 것은 유대인이며 유명한 정치 철학자인 '한나 아렌트Hannah Arendt'가 미국 〈뉴요커〉 잡지사의 특별 취재원 자격으로 예루살렘으로 가서 그 재판 과정을 취재한 기록이었습니다.

아렌트는 독일 나치 치하에서 비밀경찰인 게슈타포에게 체포되어 잠시 감금되었다가 풀려나 프랑스로 망명했습니다. 프랑스가 독일에 점령당하자 다시 붙잡혀 강제 수용소로 보내졌지만, 가까스로 벗어나 1941년 미국으로 건너갔습니다. 즉 아렌트는 아이히만으로 인해 직간접으로 고난을 받은 사람이었습니다.

그녀는 1961년에 열린 아이히만 재판을 직접 재판정에서 지켜보았습니다. 그리고 재판 후 「예루살렘의 아이히만: 악의 평범성에 대한 보고서Eichmann in Jerusalem: A Report on the Banality of Evil」를 출간했습니다.

아렌트가 재판정에서 목격한 아이히만은 악마의 화신으로 상상했던 아이히만과는 너무나 달라 적잖이 당황했습니다. 아렌트는 보고서에서 아이히만을 다음과 같이 묘사했습니다. "아이히만은 실제로 저지른 악행에 비해 너무 평범하다는 인상을 받았다. 그는 피에 굶주린 악귀나 냉혹한 악당도 아니었다. 그냥 우리 주변 어디서나 볼 수 있는, 가족을 사랑하고 챙기는 중년 남성이었다. 주말에 낚시를 즐기는 사람이라고 믿기지 않을 정도로, 옆집 아저씨처럼 평범한 사람으로 느껴졌다. 실제로 그는 친절하고 선량한 사람이었다고 전해진다. 정신분석 결과 정신이상자도 아니었다. 특별한 인간이 아니었고, 어떤 이데올로기에 심취한 과격분자도 아니었다." 이어 "아이히만은 상부의 명령을 충실하게 따랐을 뿐이라고 되풀이해 말했다. 자신의 의무를 다하기 위해 노력했다는 것이다. 오히려 자신에게 주어진 업무를 이행하지 않았다면 양심의 가책을 느꼈을 것이라고 말했다. 결론적으로, 아이히만은 스스로 생각하기를 포기했을 뿐이었다"라고 기술했습니다.

아렌트의 관찰에 의하면, 아이히만은 파괴적 이데올로기에 사로잡힌 사람이 아니라, 자신의 행동에 대해 의문을 제기하지 않고 그저 자신의 업무를 효율적으로 수행하는 데 주된 관심을 가진 무뚝뚝한 중간 수준의 관료였습니다. 상부의 명령을 아무 문제의식 없이 받아들여 기계적으로 수행하고 의무를 다한 사람이었습니다. 아이히만은 지시받은 일을 잘 수행하여 성과를 내고 싶어 했습니다. 상관과 자신이 속한 조직에서 인정받고 싶어 했고, 높은 자리로 승진하고 싶어 했습니다. 아이히만은 수백만의 죄 없는 사람들을 죽이라는 상부의 명령도 그대로 잘 수행하는 것이 바른 도리라고 생각하고 있었습니다.

아렌트는 아이히만처럼 자신이 생각 없이 저지른 악행과 결과에 대한 책임을 연결 짓지 못하는 현상을 '악의 평범성 Banality of Evil'이라고 정의했습니다. 아렌트는 "악이란 뿔 달린 악마처럼 별스럽고 괴이한 존재가 아니며, 사랑과 마찬가지로 언제나 우리 가운데 있다"라고 말했습니다. 즉 악은 항상 비범하고 기괴한 개인에게서 오는 것이 아니라, 윤리적 의미에 의문을 제기하지 않고 일상적인 작업을 수행하는 평범한 사람들에게서 나타날 수 있다는 것입니다. '악의 평범성'은 자신의 행동의 결과와 영향에 대해 생각하기를 거부하고 단순히 시키는 일을 하는 평범한 사람들이 얼마나 끔찍한 행동을 저지를 수 있는가를 보여 주고 있습니다.

악의 평범성과 관련해서 프랑스 소설가 '폴 부르제 Paul Bourget'가 남긴 명언, "용기 내어 생각하는 대로 살지 않으면, 머지않아 그대는 사는 대로 생각하게 된다"가 떠오릅니다. 우리가 원하는 삶을 살기 위해서는, 용기를 가지고 우리의 생각을 실천해야 한다는 것입니다. 자신의 생각과 행동이 일치하는 삶을 살지 않으면, 아이히만처럼 결국 자신의 생각을 잊어

버리고 자신의 행동에 따라 생각하게 될 것입니다.

부르제의 말은 우리에게 삶의 의미와 가치에 대해 여러 생각을 하게 합니다. 우리는 무엇을 위해 살고 있는가? 무엇을 위해 노력하고 있는가? 자신의 생각과 행동이 일치하는 삶을 살고 있는가? 자신의 생각을 행동으로 옮기기 시작하면, 우리는 삶의 의미와 가치를 찾을 수 있을 것입니다.

오늘날 지나치게 편향된 맹목적 열성 지지자들에 의한 팬덤 정치가 있습니다. 인간에 스며 있는 '악의 평범성'을 교묘하고 악의적으로 이용한 사례입니다. 과격 팬덤 지지자들은 이성적으로 '생각하기를 거부'하고, 사악한 팬덤 리더가 밝힌 불빛만 보며 달려드는 불나방을 방불케 하는 행동을 하기 때문입니다.

'악의 평범성'은 16세기 종교 개혁가인 마틴 루터가 말한 "나는 지금 의인이면서 동시에 죄인이다"와 연관해 생각해 볼 수 있습니다. 예수 그리스도를 믿음으로 구원받은 사람도 여전히 그들의 삶에서 죄와 유혹에 맞서 싸우고 있음을 인정한 것입니다. 하지만 그들이 그리스도를 믿기 전처럼 더 이상 생각 없는 죄의 노예가 되지는 않습니다. 죄와 유혹에 굴복당해 생각 없이 악행을 저지르고 책임도 느끼지 못하는, 아이히만으로 대표되는 '악의 평범성'으로부터 탈출한 것입니다.

끊임없이 분출되는 죄의 권세

장대 같은 비가 쏟아질 때, 도시에는 종종 유쾌하지 않은 광경이 나타납니다. 도로에 많은 물이 고이고 낮은 지대의 건물들이 침수됩니다. 거리나 건물 지하주차장에 있는 차들이 물에 떠다니기도 합니다. 최근 글로벌 이상 기후로 인해 우기에 볼 수 있는 광경입니다.

폭우로 하수도가 역류할 때는 아래에 갇힌 물이 분수처럼 맨홀로 솟구쳐 올라옵니다. 쓰레기와 불순물이 가득한 시커먼 흙탕물입니다. 갑작스러운 폭우는 맨홀을 흉기로 만듭니다. 강한 수압을 견디지 못하고 무거운 철제 뚜껑이 튀어 오르기도 합니다. 어떤 때는 열려진 맨홀 구멍으로 사람이 빨려 들어가 실종되기도 합니다. 역류를 막기 위해 모래주머니로 맨홀 위를 막고 바리케이드도 쳐보지만, 자연의 힘 앞에서 인간의 노력은 무력합니다. 모래주머니 바리케이드는 곧 급류에 휩쓸려

떠내려가 사라집니다. 다시 맨홀이 시커먼 물을 내뿜습니다.

맨홀에서 분수처럼 솟아올라 역류하는 모습은, 우리 내부에서 끊임없이 솟구쳐 나오는 죄를 상기하게 합니다. 더럽고 검은 물은 우리의 죄를 상징적으로 나타내는 것처럼 보입니다. 맨홀을 모래주머니로 이중 삼중으로 쌓아 막아도, 검은 물은 이를 뚫고 곧 다시 쏟아져 나옵니다. 우리가 몸서리치는 죄에서 벗어나려고 몸부림쳐도 그것이 쉽지 않음을 연상시킵니다. 우리 마음에서 끊임없이 분출되는 죄의 권세는 우리의 연약한 방어선을 뚫을 곳을 찾습니다. 역류로 인해 무거운 철제 맨홀 뚜껑이 들어 올려져 떠내려가듯이, 죄를 억누르고자 하는 우리의 시도는 일시적이고 미봉책에 그칠 경우가 많습니다.

죄는 우리 마음 깊은 곳에 자기가 주인인 양 진지를 구축하고서, 하나님의 의를 대적하는 생각과 행위를 주도합니다. 궁극적으로 우리를 하나님으로부터 떼어 놓고 죄를 짓게 하여 허우적거리게 하려는 것이 목적입니다. 아주 교묘한 방법으로 갖가지 악한 행위를 합니다. 심지어 사랑으로 하는 행동도 살짝 비틀어, 사랑이 미움으로 변질되도록 합니다.

홍수가 났을 때 맨홀을 통해 솟아오르는 폐수처럼, 죄는 뜻하지 않게 솟아올라 우리의 삶을 불안과 혼돈으로 어렵게 만듭니다. 폐수가 솟구치는 역류 현상을 방지하기 위해 맨홀을 여러 겹의 모래주머니로 막아도 시커먼 물이 곧 다시 쏟아져 나오듯, 인간이 쌓은 지식과 선행과 권위의 모래주머니는 죄 앞에서는 무력하기 짝이 없습니다.

구원은 우리의 노력으로 얻을 수 있는 것이 아니라, 오직 하나님의 은혜로만 얻을 수 있습니다. 인생 여정에서 어려움과 고난의 폭우가 오는 때에도, 우리는 따로 모래주머니를 쌓을 필요가 없습니다. 우리를 위해, 하나님이 무너지지 않는 모래주머니를 쌓아 놓으셨기 때문입니다.

나는 젊었을 때 담배를 피웠습니다. 하나님을 영접한 후에도 계속했습니다. 숨어서 피웠습니다. 그리스도인으로서 마음이 편치 않았습니다. 빨리 끊어야겠다는 생각을 했습니다. 마침 회사에서 담배가 금지되면서, 이번 기회에 담배를 끊겠다고 결심했습니다. 어렵지 않게 할 수 있을 것 같았습니다. 과거에 하루 이틀 정도 끊은 적은 많았고, 한 달 정도 끊은 적도 몇 번 있었으니까요. 하지만 나중에 담배 생각이 간절해서 다시 담배를 피우는 패턴을 반복했습니다. 맨홀을 모래주머니로 이중 삼중으로 쌓아 막아도, 검은 폐수가 이를 뚫고 다시 쏟아져 나오는 정황과 유사했습니다.

이번에는 마음을 다잡고 담배를 완전히 끊기로 결심했습니다. 쉽지 않았습니다. 하루를 끊기도 힘들었습니다. 점심 식사 후 담배를 피우지 않으면 혀가 말리는 듯한 이상한 느낌을 받았습니다. 담배를 피우면 정상으로 돌아가곤 했죠. '아, 이게 뭐지?' 하는 생각이 들었습니다. 과거에는 상당 기간 동안 담배를 끊을 수 있었는데, 이제는 하루도 힘들었습니다. 그런 이해하기 힘든 상황이 몇 날 계속되었습니다. 절망했습니다. 영적인 문제라는 생각이 들었고, 그렇다면 나 혼자 끊기는 힘들겠다고 판단했습니다. 하나님께 사정을 말씀드리며 '담배를 끊게 해달라는' 기도를 했습니다. 기적같이 다음 날부터 완전히 담배를 끊게 되었습니다. 그 후로는 담배에 대한 생각이 완전히 사라졌습니다.

우리의 연약함에 대해 장 칼뱅은 다음과 같이 말합니다. "내가 평온할 때는 자신이 참을성이 많다고 스스로를 속이지만, 고난 앞에서 무너지며 자신의 현주소를 깨닫는다. 내 힘만으로는 고난을 견뎌낼 수 없다. 내 약함을 절실히 깨닫고 나면 나에 대해 절망한다. 자신의 약함을 절실히 느끼면서 겸손해지며 하나님의 은혜를 의지해 간다. 그리고 하나님의 능력 안에서 충분하고도 넘치는 도우심을 경험한다." 우리는 고난 중에 하나님이 약속하신 능력의 공급하심을 경험합니다. 그렇게 해서 승리하고 나면 소망이 생깁니다. 그때부터 우리는 하나님의 도우심을 의지하며 끝까지 무너지지 않고 버틸 수 있게 됩니다.

사도 바울은 자신의 연약함을 고백할 때부터 주의 능력이 온전히 나타남을 체험했습니다. 그리고 "이는 내 능력이 약한 데서 온전하여짐이라 … 나의 여러 약한 것들에 대하여 자랑하리니 이는 그리스도의 능력이 내게 머물게 하려 함이라"(고후 12:9)라고 고백했습니다. 내가 약할 때 하나님의 능력이 나타나서, 결과적으로 내가 강해지고 온전해진다는 말씀입니다. 사도 바울은 자신의 약함을 역설적으로 자랑하고 있습니다. 왜냐하면 그가 약함으로 하나님을 더 의지하고 기도했기 때문입니다.

내 미련함과 부족함, 실수와 실패, 어려운 환경은 삶의 걸림돌이 아니라, 하나님의 능력이 드라마틱하게 나타나는 가장 귀한 삶의 현장인 것을 알게 되었습니다. 또 내가 하는 일은 완전한 것이 없지만, 하나님이 이루신 일은 완전하다는 것도 알았습니다. 하나님은 우리를 위해, 한번 쌓으면 절대 무너지지 않는 모래주머니를 준비해 두셨습니다.

나도 너를 정죄하지 않는다

일부 이슬람 지역에서 간음죄로 잡힌 사람을 군중들이 돌을 던져 죽이는 장면을 TV에서 본 적이 있는지요? 끔찍한 광경입니다. 요한복음 8장에 이런 살벌한 장면이 등장합니다.

일단의 종교 지도자들이 간음하다가 현장에서 붙잡힌 한 여인을 끌고 와 군중 가운데 세웁니다. 군중들은 여인의 죄를 정죄하고 죽이기 위해 흥분된 얼굴로 손에 돌을 쥔 채 서 있습니다. 여인 앞에는 예수님이 서 있습니다. 팽팽한 긴장 속에, 뭔가 폭발할 것 같은 일촉즉발의 상황입니다. 여인은 온갖 수모를 겪으며 끌려왔고, 이제 곧 돌에 맞아 죽는 형벌을 앞둔 자포자기 상태였을 것입니다.

아래는 요한복음에 나오는 간음하다 잡힌 여자에 대한 구절입니다(요 8:3-11, 새번역).

율법학자들과 바리새파 사람들이 간음을 하다가 잡힌 여자를 끌고 와서, 가운데 세워 놓고, 예수께 말하였다.

"선생님, 이 여자가 간음을 하다가, 현장에서 잡혔습니다. 모세는 율법에, 이런 여자들을 돌로 쳐죽이라고 우리에게 명령하였습니다. 그런데 선생님은 뭐라고 하시겠습니까?"

그들이 이렇게 말한 것은, 예수를 시험하여 고발할 구실을 찾으려는 속셈이었다. 그러나 예수께서는 몸을 굽혀서, 손가락으로 땅에 무엇인가를 쓰셨다. 그들이 다그쳐 물으니, 예수께서 몸을 일으켜, 그들에게 말씀하셨다.

"너희 가운데서 죄가 없는 사람이 먼저 이 여자에게 돌을 던져라."

그리고는 다시 몸을 굽혀서, 땅에 무엇인가를 쓰셨다. 이 말씀을 들은 사람들은, 나이가 많은 이로부터 시작하여, 하나하나 떠나가고, 마침내 예수만 남았다.

그 여자는 그대로 서 있었다. 예수께서 몸을 일으키시고, 여자에게 말씀하셨다.

"여자여, 사람들은 어디에 있느냐? 너를 정죄한 사람이 한 사람도 없느냐?"

여자가 대답하였다. "주님, 한 사람도 없습니다."

예수께서 말씀하셨다.

"나도 너를 정죄하지 않는다. 가서, 이제부터 다시는 죄를 짓지 말아라."

위 구절들의 정황을 그려 보겠습니다. 예수님이 초막절 아침에 예루살렘 성전에 올라가 백성을 가르치실 때였습니다. 서기관과 바리새파 사람들이 간음하다가 현장에서 붙잡힌 한 여인을 예수님 앞으로 끌고 왔습니다. 그때가 언제쯤이었을까요? 성경에 의하면, 예수님은 아침에 성전에 올라가셨는데 그 아침은 해 뜨기 전 새벽 시간이었을 것이라고 합니다. 따라서 간음은 해 뜨기 전 어두울 때, 아주 은밀한 장소에서 행해졌겠지요. 좀 이상하지 않습니까? 성직자인 서기관과 바리새파 사람들이 어떻게 은밀한 장소를 미리 알고 급습하여 이 여인을 현행범으로 붙잡은 것일까요?

서기관은 율법을 가르치는 율법학자였고, 바리새인은 율법을 철저히 지켜 스스로 의롭게 여기는 종교 특수층이었습니다. 그들은 지극히 율법적이고 위선적이었는데, 이를 지적하는 예수님을 증오해서 죽일 마음을 품고 있었습니다. 예수님이 그들을 향해 "독사의 자식들"이라고까지 하셨으니까요. 그들의 위선적이고 탐욕스러운 마음을 꿰뚫어보고 계신 예수님이 얼마나 싫었겠습니까.

흥미로운 점은, 간음한 상대 남자는 없고 여자만 붙잡혀 온 것입니다. 혹시 서기관과 바리새파 사람들이 간음한 남자와 미리 짜고 한 행동이 아니었는지 합리적인 의심이 생깁니다. 왜냐하면 구약 신명기 22장에 의하면 간음한 자는 남녀 모두 죽여야 한다고 되어 있으니까 당연히 남자도 붙잡아 와야지요.

서기관과 바리새파 사람들이 예수님께 질문했습니다. "율법에 의하면, 간음하다 잡힌 죄인은 돌로 쳐 죽이기로 되어 있는데 어떻게 생각하십니까?" 예수님을 잡을 구실을 만들기 위해 던진 올무와 같은 질문입니다. 이럴 수도 저럴 수도 없는 진퇴유곡입니다.

예수님이 만약 그 여인을 놓아 주라고 하신다면, 모세 율법에 위배되어 엄격한 유대 사회에서 용납되지 않습니다. 반대로 만약 모세 율법에 따라 돌로 쳐서 죽이라고 하신다면, 그 당시 유대인은 로마의 속국으로서 사형집행 권한이 없었으므로 예수님이 로마법을 어겼다고 고소할 수 있는 빌미를 주는 것입니다. 또 원수를 사랑하라고 하신 예수님의 가르침에 어긋나기도 하고요. 어려운 상황이었습니다.

서기관과 바리새인들은 이같이 교활한 음모를 가지고 그 상황을 즐기며 예수님의 반응을 재촉하고 있었습니다. 스스로 거룩한 척 위선으로 가득 찬 서기관과 바리새인들은 이 여자를 희생양으로 삼아 자기들의 교활한 목적을 달성하고자 이른 아침부터 부산하게 움직이고 있었던 것입니다. 그런데 군중들은 무슨 일로 아침 일찍 광장에 모여서 돌팔매질 처형에 참여하고자 했을까요? 서기관과 바리새인들의 사주를 받고 동원되었으리라 짐작합니다. 참여하는 대가로 얼마간의 금전을 받았을지도 모르죠. 요새도 일당을 받고 집회에 참여하는 전문

시위꾼들이 있다고 하니까요.

분기탱천한 얼굴로 돌을 들고 서 있는 군중들은 자기들은 의로운 사람들이고 이 여자 같은 죄인은 없어져야 정의로운 사회가 구현될 것이라는 관제 여론을 믿었을 것입니다. 수치스럽고 지칠 대로 지친 그 여인은 군중들의 야유와 수모를 당하면서, 조금 후 당하게 될 돌팔매형에 대한 두려움으로 떨고 있었을 것입니다.

서기관과 바리새인들의 물음에 예수님은 침묵하셨습니다. 대신 땅에 무슨 글을 쓰셨습니다(이 글의 내용은 밝혀지지 않음). 이들이 계속 다그쳐 묻자, 예수님은 입을 열어 "너희 가운데서 죄 없는 사람이 먼저 이 여자에게 돌을 던져라"라는 딱 한마디 말씀을 하셨습니다. 예수님은 이 여자가 죄가 없다거나, 모세 율법이 잘못됐다고 하지 않으셨습니다. 다만 죄 없는 사람이 먼저 이 여자에게 돌로 치라고 말씀하셨습니다.

그 후 무슨 일이 생겼습니까? 전혀 예상치 못한 일이 일어났습니다. 바로 조금 전까지 살벌한 분위기에서 정의 구현을 외치며 이 여인을 돌로 쳐 죽여야 한다고 외치던 군중이 일시에 물을 끼얹은 듯 잠잠해졌습니다. 뭔가 나쁜 짓을 하다가 들킨 것처럼요. 예수님의 한마디 말씀에, 돌을 들고 서 있던 군중들은 나이가 많은 어른들로부터 시작하여 젊은이까지 모두 자리를 떠났습니다. 나이가 많은 사람일수록 지은 죄가 더 많아 먼저 자리를 뜬 것이 아닌가 하는 생각이 듭니다.

왜 모든 군중이 한마디 소리도 못하고 사라졌을까요? 범접할 수 없는 예수님의 말씀과 영적 권위에 압도되었기 때문이라고 짐작합니다. 죽은 자를 살리시고 성난 파도를 잠잠케 하신 바로 그 영적 권위입니다. 예수님의 그 한마디에, 파렴치하고 위선적인 종교인인 서기관이나 바리새인, 군중들의 양심이 찔리고 마음이 녹아내린 것입니다. 전율과 함께 두려운 생각이 그들을 휘감았을 것입니다.

마지막으로 예수님은 그 여인에게 "나도 너를 정죄하지 아니하노니, 다시는 죄 짓지 말라"라고 말씀하셨습니다. 방금 전까지 사망의 골짜기를 걷던 여인의 막장 같은 인생이 예수님에 의해 드라마틱하게 변하는 순간입니다.

고소와 정죄가 전문인 사탄은 우리를 틈만 나면 정죄하고 정신없이 흔들어 댑니다. 그러나 예수님은 우리를 정죄하지 않으십니다(롬 8:1). 예수님으로 인해, 우리의 죄와 아픈 상처를 헤집고 들추어내어 정죄하고 괴롭히던 것들이 사라진 것입니다. 예수님의 용서와 사랑은, 정죄와 돌에 맞아 죽을 운명이었지만 예수님을 만나 생명을 얻은 여인처럼, 우리 모두에게도 동일하게 적용됩니다.

5. AI 시대, 너의 창조주를 기억하라

영적 피뢰침 되신 예수님

비가 많이 오는 날에는 종종 으르렁거리는 천둥소리와 함께 하늘에서 '번쩍' 하며 번개가 치기도 하고 벼락도 떨어집니다. 두려움을 주는 번개와 벼락이 무엇일까요?

많은 양의 수증기가 강력한 상승 기류에 의해 탑 모양으로 솟구치면서 거대한 소나기구름이 형성됩니다. 소나기구름 속에 있는 작은 물방울이나 얼음 알갱이들이 서로 부딪히면 정전기를 띄게 됩니다. 구름과 구름이 부딪히며 방전할 때 엄청난 에너지의 불꽃을 만들어내는 것을 '번개'라고 합니다. 번개는 어마어마한 에너지와 열을 발생합니다.

열에 의해 팽창한 공기의 진동 소리가 바로 '천둥'입니다. 소리의 속도는 빛의 속도보다 느리기 때문에, 번개의 불꽃을 본 뒤 얼마 후 천둥소리를 듣게 됩니다. 가끔 구름들 사이뿐 아니라, 구름과 땅 사이에도 이런 현상이 나타납니다. 바로 '벼락'입니다. 즉 번개 중에서 땅으로 떨어지는 번개가 벼락입니다. 인간이 번개를 무서워하는 이유는 바로 벼락 때문입니다.

벼락이 치면 하늘에서 수만 볼트의 전기가 땅으로 내려옵니다. 벼락은 땅을 향해 곧장 직선으로 떨어지지 않고, 지그재그를 그리며 떨어집니다. 마치 최단 주행 경로를 찾는 내비게이션을 장착한 것처럼 이리저리 움직이며 전류가 가장 빨리 흐를 수 있는 경로로 물체에 떨어집니다. 이러한 성질을 이용해 벼락으로부터 보호하기 위해 만들어진 것이 높은 곳에 설치된 피뢰침입니다. 피뢰침은 건물 맨 꼭대기에 설치되어 있습니다. 끝이 뾰족한 금속 막대기를 건물의 가장 높은 곳에 세워, 벼락의 전류를 땅으로 흘려보내는 것입니다. 피뢰침은 엄청난 파괴력을 가진 벼락을 '자기 몸을 통해' 지나가도록 해 땅속으로 흘려보냅니다. 그렇게 해서 건물과 안에 있는 사람을 보호합니다.

피뢰침은 벼락을 건물에서 땅으로 안전하게 유도하는 장치입니다. 우리는 피뢰침에서 깊은 영적 의미를 발견할 수 있습니다. 바로 예수님이 우리의 죄와 하나님의 진노로부터 우리를 보호하는 영적 피뢰침이라는 사실입니다.

우리의 죄로 인해 하나님의 진노가 닥칠 때, 그 진노의 벼락은 골고다 언덕 높은 곳에 세워진 십자가에 못 박힌 예수님께로 떨어졌습니다. 예수님은 우리의 죄를 대신하여 죽으심으로써, 하나님의 진노를 온몸으로 받아들이셨습니다. 그 결과 우리는 하나님의 진노로부터 구원받게 되었습니다. 우리를 영원한 파멸로부터 구원하는 결정적인 순간이었습니다. 시편에서는 이를 "여호와는 … 내가 피할 나의 바위시요 나의 방패시요"(시 18:2)라고 말합니다.

우리가 영적 피뢰침인 예수님을 믿음으로써 하나님의 진노를 피할 수 있다는 사실을 아는 것이 중요합니다. 예수님을 믿는다는 것은 단지 그분의 가르침을 따르는 것이 아닙니다. 그분의 죽음을 우리의 죄를 위한 대속으로 받아들이는 것을 의미합니다. 마치 피뢰침이 벼락으로부터 우리를 보호하듯, 십자가의 예수님은 우리를 죄로부터 보호합니다. 이는 우리 스스로 할 수 없는 일입니다.

피뢰침이 건물의 안전을 위해 필수적인 것처럼, 예수님은 우리의 구원을 위해 필수적입니다. 섬뜩한 번개가 치는 가운데, 피뢰침이 있는 건물 안은 고요하고 평온합니다. 마찬가지로 영적인 피뢰침 되신 예수님 안에 있는 우리는 수십만 볼트와 같은 죄의 저주와 심판에도 불구하고 요동하지 않고 평안을 누릴 수 있습니다.

비가 많이 내리고 무서운 천둥 번개가 요동치는 날이면, 우리 죄로 인한 하나님의 진노를 십자가에 매달려 온몸으로 받아내신 우리의 영적 피뢰침인 예수님을 다시 생각하게 됩니다.

속 깊은 리더

2007년 여름은 마치 태양이 지구에 가까워진 것처럼 뜨거웠습니다. 그해는 유난히 습하고 폭염이 기승을 부렸습니다. 사무실은 한증막 같았습니다. 에어컨이 최대로 가동되고 있었지만 그 시원함은 어디론가 녹아 버린 것 같았습니다. 에어컨 바람은 찜통더위 앞에 무기력했고, 사무실에 사람들은 각자 부채를 연신 부쳐대며 일했습니다. 한낮의 무더위는 그 어느 때보다도 가혹했습니다. 찜통더위가 피크인 한낮이면 사람들은 한 줄기의 시원한 소나기를 간절히 기다리는 때가 많았습니다.

2007년 삼성전자에 근무하던 때였습니다. 어느 여름날 오후, 미래 핵심기술에 대한 논의를 위해 부회장님이 주관하는 월례회가 열렸습니다. 그 당시 전사 소프트웨어를 책임지고 있는 필자를 포함해 일곱 명 정도의 사람이 건물 고층에 모여

회의를 진행하고 있었습니다. 무덥기도 했지만 상당히 무거운 토픽이라서, 아마 체온이 1도 정도는 더 올라갔을 듯합니다. 각자 손수건으로 이마에 흐르는 땀을 닦아내면서 회의는 진행되고 있었습니다.

그런데 갑자기 후두둑 하더니, 천둥 번개와 함께 장대 같은 소나기가 내리기 시작했습니다. 회의실 유리창을 세차게 때리는 빗소리에 우리는 로또를 맞은 기분이었습니다. 연신 부채를 부치며 땀을 훔치던 참석자들은 밖을 쳐다보면서 얼굴에 만족스러운 미소를 지었습니다.

그러나 한 사람, 부회장님의 반응은 의외였습니다. 갑자기 시선을 아래로 깔며 뭔가 우려스러운 표정을 지었습니다. 어딘가 몸이 불편한 듯한 느낌이었습니다. 모든 참석자가 그의 고개 숙인 모습과 표정을 보며 염려했습니다. 찜통더위를 식히는 장대 소나기는 모두에게 잠시나마 행복한 순간을 안겨주었지만, 부회장님에게는 그렇지 않은 것 같았습니다.

잠시 후 누가 "부회장님, 혹시 몸이 어디 불편하신지요?" 하고 물었습니다. 돌아오는 그의 답변은 모든 참석자에게 깊은 여운을 남겼습니다.

"비, 그것도 이렇게 시원한 장대비가 오면 우리 에어컨이 안 팔리는데…."

말꼬리를 흘리는 그의 나지막한 말은 측정할 수 없는 엄청난 무게로 다가왔습니다. 회의실 안은 잠시 침묵에 휩싸였습니다. 그 침묵 속에서 참석자들은 부회장님의 마음가짐을 깊이 이해하게 되었습니다. 짧은 그 한마디는 회사에 대한 무거운 책임감과 애정의 표현이었습니다. 그의 모습에 경의를 표하며 나의 태도를 다시 한번 생각하게 되었습니다.

    우리 일상은 끊임없는 선택의 연속입니다. 무엇을 우선시할 것인지, 어떤 것을 포기할 것인지. 과거에는 '선공후사先公後私', 즉 사적인 일보다 공적인 것을 더 중요하게 생각하는 사람들이 더러 있었습니다. 하지만 이 말이 화석화된 지는 이미 오래되었습니다. 간혹 정치가들이 '선당후사' 즉 자기보다 당을 먼저 생각한다는 이런 사자성어를 입에 올리기는 하지만, 그것은 변죽만 요란하게 울리는 꽹과리 소리에 지나지 않는 것 같습니다. 많은 선택들 속에서 대부분의 사람들은 자신의 편안함과 이익을 가장 중요시합니다. 그냥 본능에 따라 선택하고 행동하는 것입니다.

    "시원한 장대비가 오면 우리 에어컨이 안 팔린다"라는 부회장님의 말씀은 자기중심적이며 이기적인 우리에게 해독제 같은 역할을 했습니다. 그의 말은 우리에게 리더십과 책임감에 대한 살아있는 교훈을 줍니다. 단순히 회사를 넘어서서, 우리가 아끼고 사랑하는 것에 대해 어떤 마음으로 다가가야 하는지, 그리고 어떤 태도로 책임을 져야 하는지 깊이 생각하게 합니다. 1초 남짓한 그의 짧고 어눌한 말은 몇 시간에 걸친 어떤 리더십 강의보다 울림이 컸습니다. 그날은 참 무더웠지만,

부회장님으로 인해 마음은 시원해지는 하루였습니다.

현대 사회에서 리더십의 중요성이 강조되고 있습니다. 훌륭한 리더는 탁월한 능력을 갖추고 있어야 할 뿐 아니라, 자기의 유익을 구하기에 앞서 남의 유익을 구하며 사람들을 섬기는 자세를 가지고 있어야 합니다. 더 나아가 진정한 리더는 다른 사람들을 섬기기 위해 자신의 이익을 과감히 포기할 수 있어야 합니다. 앞의 부회장님도 소나기로 인한 시원함이 좋았을 터이지만, 본인보다는 회사를 앞서 생각했습니다.

자신의 이익에 앞서 회사를 걱정하는 부회장님을 보며, 자신의 안위에 앞서 우리를 사랑하신 예수님이 떠올랐습니다. 인류 최고의 리더이신 예수님은 섬김, 사랑, 겸손, 용서, 그리고 동정심을 핵심으로 하는 리더십을 실천하셨습니다. 예수님은 자신보다 남을 낫게 여기며, 자신을 "다른 사람을 섬기러 온 자"라고 말씀하셨습니다. 그분은 발을 씻어 주는 것과 같은 겸손한 행위를 통해 리더십의 본을 보이셨습니다.

예수님의 리더십은 무조건적인 사랑과 희생에서 비롯된 것입니다. 그분은 자신의 삶과 행동을 통해 타인을 위한 사랑의 깊이를 보여 주셨으며, 심지어 자신의 생명까지 희생하셨습니다. "그가 우리를 위하여 목숨을 버리셨으니 우리가 이로써 사랑을 알고"(요일 3:16)라는 말씀과 같이 그분은 자신의 목숨을 버리심으로써 진정한 사랑이 무엇인지를 몸소 가르쳐 주셨습니다.

예수님의 리더십을 본받아, 우리도 겸손과 희생으로 이웃을 사랑하고 섬겨야 합니다. 이것이 예수님이 가르쳐 주신 진정한 리더십의 본질입니다.

최고의 조율사

악기는 정기적으로 점검이 나 수리하지 않으면 제 기능을 발휘하지 못합니다. 음정이 흐트러지기도 하고, 심지어는 소리가 없어지기도 합니다. 오랫동안 치지 않은 피아노를 조율해 본 적이 있으신지요? 조율하기 전과 후가 확연히 다릅니다.

조율은 어떤 장치가 최상의 성능을 내도록 조정하는 작업입니다. 악기의 조율이 대표적인 예입니다. 조율은 새로운 음을 만드는 것이 아니라, 원래 음으로 돌아가게 하는 것입니다. 악기를 조정하여 음이 일정하고 정확하게 유지되도록 만드는 작업이지요.

조율은 조율사가 합니다. 연주를 하기 전에 조율사는 악기의 음을 정확하게 조절하여 최상의 소리를 내도록 합니다. 조율사는 먼저 소리의 높낮이를 정확하게 측정하여 보여 주는 튜닝앱을 사용하여 정확한 음을 설정합니다. 피아노에는 건반 88개와 각 건반에 연결된 220여 개의 피아노줄이 있습니다. 피아노 조율사는 모든 피아노줄을 일일이 두드려 보고, 튜닝 핀을 좌우로 회전시켜 각각이 정확한 음정을 내도록 조정합니다. 일부 부품을 교체하기도 합니다. 전문 연주자 곁에는 늘 피아노 조율사들이 있어, 음의 잔향까지 고려해 줄을 조이고 풀며 피아노를 최적의 상태로 유지합니다.

조율사는 악기뿐 아니라 주어진 공간에서 악기의 음질을 최대한 살리기 위해 주변 환경 요소도 고려합니다. 예를 들어, 악기가 사용되는 공간의 습도와 온도가 음질에 미치는 영향을 파악하고 조절합니다. 이 과정을 통해 악기는 최상의 음질을 내고, 연주자는 더욱 완벽한 연주를 할 수 있게 됩니다.

완벽한 연주를 위해 악기를 최적 상태로 조율하듯, 우리도 최적 상태로 조율되어 있는지요? 우리는 삶의 여정에서 자신이 추구하는 목표와 가치가 무엇인지 모르고 방황하는 경우가 많습니다. 하나님께 불순종하며 멀리 떠났을 때, 우리의 삶은 여러 군데서 불협화음을 내며 뒤틀리게 됩니다. 질곡의 세월을 살아가는 누구에게나 이런 어려운 상황이 닥칩니다. 이때 조율을 통해서 우리가 처음에 가지고 있었던 목표와 가치를 회복하는 것이 필요합니다.

우리 인생의 최고의 조율사는 우리를 만드셔서 우리를 속속들이 알고 계신 하나님입니다. 각자가 안고 있는 문제도 잘 알고 계십니다. 하나님은 우리가 그분의 뜻을 따라 살아가도록 하기 위해 우리를 끊임없이 조율하십니다. 우리가 하나님의 조율을 받아들이고 순종할 때, 온전한 원래의 모습으로 회복될 수 있습니다. 마치 악기를 조율하는 목적이 원래의 음으로 돌아가게 하는 것처럼.

성경은 하나님이 주신 인간 삶의 지침서입니다. 성경은 우리가 누구이고, 무엇을 위해 살아야 하는지, 어떻게 살아야 하는지에 대한 목적과 방향을 밝히 말하고 있습니다. 하나님은 성경이라는 매뉴얼을 통해 인간을 조율하십니다. 악기를 조율할 때 정확한 음높이를 맞추기 위해 도구와 튜닝앱을 사용하듯이, 뒤틀어진 인생을 조율할 때는 성경이 기준이 됩니다. 성경 말씀을 통해 조율사이신 하나님의 계획과 뜻을 이해하고 그에 따라 인생을 조율함으로써 더 나은 삶을 살아갈 수 있습니다. 악기를 조율하는 것은 시간이 걸리는 작업입니다. 마찬가지로, 정상 궤도를 이탈하여 뒤틀려 버린 인생의 조율 과정은 시간이 걸릴 뿐 아니라, 종종 고통과 인내가 동반되기도 합니다.

하나님은 인간을 조율하실 때 구체적으로 어떤 방법을 사용하실까요? 하나님은 성경을 통해 교훈과 훈계를 주셔서 인간이 잘못된 길로 가지 않도록 깨우쳐 주시고, 올바른 길을 가도록 인도하십니다. 또한 하나님은 인간에게 권면과 위로를 주셔서 삶의 어려움을 극복하고 이겨낼 수 있는 힘을 주십니다.

하나님이 사람의 인생을 조율하신 대표적인 인물로는 다윗왕, 사도 바울, 마리아를 꼽을 수 있습니다. 그들은 하나님의 조율을 따라 순종하여, 온전한 모습으로 회복되고 하나님의 영광을 드러낼 수 있었습니다.

다윗은 고대 이스라엘의 왕이었습니다. 초기 인생길은 그를 죽이려고 하는 사울왕의 음모를 피해 떠난 15년에 걸친 광야 도피 생활로 죽음에 버금가는 고통의 나날을 보냈습니다. 나중에 왕위에 있을 때도 죄와 정욕에 빠져 간통 및 살인죄를 저질렀습니다. 그러나 하나님의 간섭과 조율을 통해 다윗은 진정으로 회개하고 이스라엘의 위대한 왕으로 거듭난 인생을 살았습니다.

사도 바울은 하나님의 이끄심과 조율로 드라마틱한 삶을 살았습니다. 바울은 원래 유대 명문 가문 출신으로, 예수님을 배척하고 그리스도인 박해에 앞장섰던 기세등등한 바리새인이었습니다. 하나님은 잘못된 길을 걷고 있었던 바울을 그분의 선한 뜻에 따라 조율하셨습니다. 바울은 다마스커스로 가던 길에 예수님을 만난 후 회심하여 제자가 되었습니다. 하나님의 사랑과 용서를 경험함으로써 변화되어, 기독교 역사상 가장 위대한 전도자가 되었습니다. 많은 고난에도 불구하고 전 세계를 다니며 수많은 사람에게 복음을 전했습니다. 사도 바울은 하나님에 의해 조율된 사람이 어떠한지를 보여 주는 전형이 되었습니다.

예수님의 어머니 마리아는 하나님의 조율에 의한 순종의 삶을 살았습니다. 하나님의 뜻에 순종한 예수님의 잉태, 탄생과 성장을 통해 이 땅에서 인간을 구원하시기 위한 하나님의 위대한 사역이 이루어지도록 길을 열어 놓았습니다.

다윗왕, 사도 바울, 마리아는 최고의 조율사이신 하나님이 그분의 선한 뜻을 이루기 위해 조율하신 대표적인 경우입니다. 조율 과정이 때로는 고통스러웠지만, 결국 하나님의 거룩한 뜻을 이루는 데 초석이 되었습니다.

하나님의 조율을 받아들이고 순종할 때, 우리는 원래 모습으로 회복되고 하나님의 사랑과 영광을 드러낼 수 있습니다. 나의 삶도 나를 향한 하나님의 뜻에 따라 조율되기를 원합니다.

하나님의 지문

광활한 우주에서 하나님의 무한한 사랑과 권능에 대한 증거는 그분이 만드신 모든 사물에서 찾을 수 있습니다. 그것들은 단지 임의로 발생한 것이나 진화적 우연의 산물이 아닙니다. 무에서 유를 창조한 의도적인 붓놀림과 조화의 산물입니다. 성경은 하나님의 영원하신 능력과 신성이 그분이 만드신 만물을 통해 분명히 나타나 있기 때문에 인간은 하나님을 모를 수 없다고 말하고 있습니다. 뉴욕 리디머교회의 '팀 켈러Tim Keller' 목사는 그의 책 「하나님을 말하다The REASON for GOD」에서 "많은 사람들이 만물에서 하나님의 실재를 암시하는 지문(실마리)을 곳곳에서 찾아냈다"라고 말했습니다.

일상생활에서 얼마든지 느낄 수 있습니다. 항상 마시는 공기와 물에서 이를 만드신 하나님의 지혜와 흔적을 느낍니다.

피조물을 얼마나 사랑하면 이렇게 신묘막측한 것을 설계하고 만드셨을까 하는 생각이 듭니다. 하나님의 무한한 권능과 예술성에 대해 그분이 남기신 뚜렷한 지문들 중, 우리가 눈과 귀로 느낄 수 있는 것은 질서정연한 자연의 색과 소리에서 찾을 수 있습니다. 자연을 애써 그저 생화학적 반응으로 치부하는 무신론자들도 정작 가을 단풍이 뿜어내는 아름다움이나 베토벤의 감미로운 선율 앞에서는 감탄하며 내심 전혀 다른 생각을 할 수도 있을 것입니다.

이 세상에는 무수히 많은 아름다운 색들이 있습니다. 얇은 습자지에 피가 뚝뚝 떨어져 번진 듯한 정열적인 장미의 빨간색, 태양의 빛을 흡수한 듯한 해바라기의 노란색, 진푸른 초록색의 잎사귀로 가득 차 있는 한 여름의 숲, 푸른색 산호초와 에메랄드빛의 청록색 바닷물을 햇빛이 투영하여 만든 몰디브의 환상적인 바닷물, 매일 아침 해가 지평선 너머로 비칠 때 넋을 잃게 만드는 다양한 색상, 나비 날개의 복잡한 패턴 또는 공작새의 숨 막히는 색상 등 수없이 많습니다.

자연이 주는 환상적인 경치와 색상에 매료된 지역이 여럿 있지만, 쉽게 접근할 수 있는 곳이 미국 뉴욕 북부 애팔래치아산맥과 캐나다 로키산맥 지대입니다. 나는 20년 동안 뉴욕에 살면서 휴가 시절에 가끔 캐나다 몬트리올을 방문했습니다. 뉴욕에서 몬트리올까지 가는 87번 고속도로로 애팔래치아산맥에 난 길을 타고 약 6시간 정도 달립니다. 애팔래치아의 아름다운 자연과 경치를 감상하기에 최적의 장소입니다. 가을에 87번 고속도로를 타고 가는 내내 보이는 양쪽으로 펼쳐진 산들은 아름다운 단풍으로 물들어 있습니다. 산맥의 경사면은 밝은 색의 단풍으로 덮여 있어, 마치 그림 같은 장면을 연출합니다. 가을에 이 고속도로를 달리면서 마주하는 산과 숲들은 온통 빨갛고 노랗고 주황색으로 물들어 있습니다. 마치 화가가 제 멋에 겨워 캔버스에 그림물감을 자유롭게 뿌린 듯한 착각에 빠지기도 합니다. 단풍이 너무나 아름다워 운전에 집중하지 못할 수 있으므로, 집중해서 운전해야 한다는 경고까지 할 정도입니다. 그곳의 가을 단풍이 주는 신비와 아름다움은 표현할 길이 없어 그저 눈으로 보고, 가슴에 담아 갈 뿐입니다.

2007년과 2014년 두 번 방문한 캐나다 로키산맥에 넓게 자리 잡은 밴프 국립공원은 호방하면서도 아름다운 곳입니다. 웅장한 산악 경관, 깊은 계곡, 맑은 호수, 울창한 숲, 빙하 등 다양한 자연경관을 자랑합니다. 특히 밴프 호수, 루이스 호수, 모레인 호수, 에메랄드 호수, 페이토 호수 등은 맑은 물, 혹은 빙하가 녹은 청옥색 물이 주위를 둘러싸고 있는 울창한 숲과 어울려 신비를 자아냅니다. 빙하가 녹은 청록 빛깔의 루이스 호수는 빅토리아 빙하를 배경으로 놀라운 대조를 이루며 초현실적이고 마법 같은 분위기를 자아냅니다. 우뚝 솟은 봉우리에 둘러싸여 있는 에메랄드 호수는 그 이름에 걸맞게 깊은 에메랄드빛으로 반짝입니다. 독특한 늑대 머리 모양의 페이토 호수는 울창한 숲과 눈 덮인 산을 배경으로 펼쳐집니다. 눈부신 옥색 빛깔의 호수는 숨이 멎을 듯 아름답습니다.

눈으로 보는 자연의 풍경이 있다면, 하나님은 인간에게 또 하나의 즐거움을 선물하셨습니다. 귀로 듣는 자연의 소리입니다. 자연의 색깔이 신의 팔레트라면 자연의 소리는 교향곡입니다. 제멋대로 생긴 해안 바위에 하얀 물보라를 내며 부서지는 파도 소리, 여름밤 귀뚜라미의 지저귀는 소리, 산 계곡의 작은 바위 사이로 단조롭게 흐르는 물소리, 한 여름 큰 나무에서 목청을 힘껏 돋워 울어대는 매미들의 합창 소리, 조용한 봄날 밤에 투둑투둑 내리는 빗소리, 늦가을에 낙엽 태우는 소리, 나뭇가지를 스치는 바람소리, 거대한 황소개구리의 깊고 큰 울음소리, 순수함과 함께 생명의 신비와 아름다움이 느껴지는 아기의 울음소리. 이 모든 자연의 소리는 우리에게 인생의 다양한 멜로디를 선사합니다. 이것들은 그저 임의의 소음이 아닙니다. 그것들은 마에스트로의 걸작에 있는 음표처럼 정확하고 신중하며 복잡한 구성입니다.

바람의 소리는 우리에게 자유와 해방감을 느끼게 합니다. 바람이 숲을 지나갈 때 나는 소리는 마치 우리를 안아 주는 것 같습니다. 파도가 바위에 부딪혀 하얀 물보라를 뿌리며 부서지는 소리는 쌓였던 스트레스를 날려 버립니다. 새들이 지저귀는 소리는 우리에게 생명과 기쁨을 선사합니다. 늦가을 긁어모은 낙엽 더미에 불을 붙일 때 불티가 날리면서 나는 소리는 마치 작은 폭발이 일어나는 것과 같습니다. 낙엽이 타면서 나오는 "파닥파닥" 하는 소리도 있습니다. 낙엽이 타면서 생기는 연기와 열기가 낙엽을 위로 밀어 올리면서 나는 소리입니다. 불티가 날리고 낙엽 타는 소리에 세상의 염려도 하나씩 날아갑니다.

빗소리는 천의 소리색을 지니고 있습니다. 빗방울 소리는 우리에게 편안함과 안정감을 줍니다. 빗방울이 떨어지는 소리는 자연이 지어 준 수면제이고 신경안정제입니다. 빗소리는 마음을 차분하게 해 신경을 안정시키는 효과가 있을 뿐 아니라, 주변의 잡다한 소음을 차단해 스르르 잠을 초대합니다. 빗소리는 과거의 추억이나 그리움을 느끼도록 종종 우리의 감상적인 부분을 자극합니다. 빗소리가 주는 감정의 깊이와 폭은 그것만의 독특한 매력이라고 할 수 있겠습니다.

자연주의자이자 작가인 '존 뮤어John Muir'는 어린 시절부터 자연에 관심이 많았으며, 1863년에는 시에라네바다산맥을 처음으로 탐험했습니다. 뮤어는 시에라네바다산맥의 아름다움에 매료되었으며, 그곳에서 많은 시간을 보내며 자연을 탐험하고 그곳의 자연에 대해 글을 썼습니다. 그의 글은 숲, 산, 강의 색과 소리를 포함하여 자연의 아름다움에 대한 신비로움과 경외감으로 가득 차 있습니다. 예를 들어, 「시에라에서의 나의 첫 여름My First Summer in the Sierra」과 같은 작품에는 주변의 아름다움에 대한 경외감과 경이로움이 가득합니다. "태양은 초원의 서리 결정을 녹이고 있었고 공기는 종달새 음악과 축복받은 햇살로 가득 차 있었고 모든 광야는 봄의 기쁨으로 떠들썩했습니다." 뮤어는 시에라 클럽의 창립자였으며 미국 최초의 국립공원인 요세미티 국립공원과 세쿼이아 국립공원의 설립에 기여했습니다.

사람이 만든 것들은 아무리 노력해도 금세 진부해지고, 심심하게 느껴지곤 합니다. 자연은 그렇지 않습니다. 매일 보아도 새롭고 매일 들어도 또 다른 감동을 주는 자연은, 〈주 하나님 지으신 모든 세계〉의 가사 "숲속이나 험한 산골짝에서 지저귀는 저 새소리들과 고요하게 흐르는 시냇물은 주님의 솜씨 노래하도다"처럼 하나님의 위대함과 자연의 아름다움을 상기시켜 줍니다. 자연의 생생한 색상과 소리를 통해 모든 피조물에 대한 하나님의 변함없는 사랑을 느껴 보시기 바랍니다.

마테라, 성서 영화의 메카

이탈리아 남부 소도시 여행이라고 하면, 으레 지중해의 따뜻한 햇살과 매력적인 코발트 빛깔 바다, 깎아지른 해안 절벽을 연상합니다. 나폴리, 소렌토, 카프리, 아말피, 포지타노 등이지요. 그러나 이탈리아 남부 내륙에 숨겨진 보석은 따로 있습니다. 바로 '마테라Matera'입니다.

마테라의 특징은 동굴 주거지대입니다. 이곳은 절벽 위와 동굴 안에 지어진 집들로 이루어져 있습니다. 마테라의 도시 풍경은 비탈길과 좁은 골목들이 어우러져 있으며, 고대 석조 건축물과 교회들이 돋보입니다. 도시 전체가 마치 하나의 큰 바위에 새겨진 듯한 모습을 하고 있으며, 시간이 멈춘 듯한 고요와 아름다움을 자랑합니다.

마테라는 그 고대적인 분위기와 동굴 주택으로 인해, 예수님 시대의 팔레스타인과 예루살렘을 연상시키는 분위기를 제공합니다. 이로 인해 마테라는 기독교 영화나 드라마 촬영지로 인기가 높습니다. 특히 예수님 당시의 배경을 필요로 하는 성서 영화 10편 정도가 이곳에서 촬영되었습니다. 멜 깁슨이 만든 〈패션 오브 크라이스트The Passion Of The Christ〉, 이탈리아의 파솔리니 감독이 만든 〈마태복음The Gospel According To St. Matthew〉, 리차드 기어 주연의 〈다윗 왕King David〉, 캐서린 하드윅 감독의 〈위대한 탄생The Nativity Story〉, 리메이크한 〈벤허Ben-Hur〉 등이 있습니다.

마테라는 어떤 곳일까요? 마테라 하면 떠오르는 것이, 선사 시대부터 거주했던 고대 동굴 거주지 '사씨Sassi'입니다. 사씨는 이탈리아어로 '돌'을 뜻합니다. 뿌연 우윳빛 석회질 암석산의 허리를 깎아 만든 동굴 모양의 주택과 교회입니다. 출입구만을 제외하고는 집 전체가 바위 속에 들어가 있는 동굴 같은 집이죠. 사씨의 주택들은 작으며 어둡고 독특한 분위기를 자아냅니다. 사씨는 좁고 구불구불한 골목길과 가파른 계단으로 연결되어 그 모습이 미로와 같습니다.

마테라의 사씨는 한때 수천 명이 살던 곳이었습니다. 하지만 열악한 생활환경으로 인해, 1950년대에 들어와 정부는 마테라의 많은 주민들을 근처 다른 도시로 이주시켰습니다. 그로 인해 사씨는 빈 집이 많이 생겨 황폐해졌고, 마테라는 홈리스들의 소굴로 전락했습니다.

1960대에 들어와 사씨 지역의 가치와 잠재력을 인식한 사람들이 마테라 도시 전체를 박물관화하자고 건의했습니다. 정부는 이를 받아들였고, 사씨 복원 프로젝트가 시작되었습니다. 사씨의 전통적인 형태는 보존하면서 리노베이션 공사를 했습니다. 지역인들은 동굴 거주지에 호텔, 레스토랑, 빵집 등을 차렸습니다. 1986년부터는 이탈리아 정부에서 주민들에게 복원 작업을 위한 보조금을 지급하기 시작했습니다. 집을 떠난 사람들 혹은 그들의 자녀들이 다시 돌아오면서 마테라가 살아났습니다. 사씨는 오늘날에도 여전히 주민들이 전통적인 방식으로 생활하고 있습니다. 이제는 역사적 가치가 높은 관광지로 변했고, 많은 유적, 문화적 명소, 박물관 등 다양한 예술 공동체가 활기를 띄고 있습니다.

1991년 교황 요한 바오로 2세가 마텔라 대성당을 방문하여 도시의 미래를 위한 미사를 드린 것을 시작으로 마텔라는 완벽하게 부활했습니다. 사씨는 세계에서 가장 독특한 동굴 주택 단지로 그 역사적, 문화적 가치를 인정받아 1993년 유네스코 세계문화유산으로 등재되었습니다. 또 마테라는 2019년 유럽 문화 수도로 선정되었습니다. 거주 인구는 약 6만 명에 달하고 있습니다.

몇 년 전 마텔라를 방문할 기회가 있었습니다. 마텔라에서 사씨 동굴 호텔에 머물렀는데 바다, 천장과 벽면 모두가 회색 암석으로 매우 이색적인 분위기를 연출했습니다. 오랜 동굴 건물에 이탈리아의 독특한 디자인 감각이 결합되어 만들어진 분위기 있는 레스토랑은, 마치 이탈리아 고전 영화의 한 장면을 연상시켰습니다.

마테라는 독특한 도시 구조, 고대 분위기, 원초적 아름다움으로 인해 많은 영화의 촬영지로 채택되었습니다. 사씨는 퇴색된 듯한 우윳빛 벽, 구불구불하고 좁은 계단이 많은 미로 등 시각적으로 고대 팔레스타인 및 예루살렘를 연상시킵니다. 또 마테라 계곡 건너편 석회암 산에는 150개 정도의 작은 동굴이 형성되었는데, 그 모양이 눈이 움푹 들어간 해골을 연상시키며 을씨년스러운 분위기를 풍깁니다. 바람이 강했고 음산한 기운이 느껴졌습니다. 예수님이 십자가에 달리신 골고다 언덕을 생각나게 합니다. 이런 연유로 예수님과 관련된 영화들이 상당수 이곳에서 촬영되었습니다.

영화 〈패션 오브 크라이스트〉는 2003년에 마테라에서 촬영되었습니다. 멜 깁슨 감독은 마테라의 독특한 풍경과 건축물이 영화와 잘 맞다고 판단했습니다. 이 도시의 고대적인 분위기와 동굴 주택은 고대 예루살렘을 완벽하게 재현해냈습니다. 고난을 느끼게 하는 단단하고 차가운 돌과, 암벽의 도시 마테라 자체가 예수님의 수난을 상징하는 공간이 된 것입니다. 최후의 만찬과 발 씻기 장면은 '산 니콜라 데이 그레치'의 암석 교회에서, 갈보리 행진은 사씨의 거리에서 촬영되었습니다. 마테라 계곡 건너편 석회암 산에서는 예수님의 십자가 처형 장면이 촬영되었습니다. 음산한 분위기와 세차게 부는 바람소리에서, 처형 당시 따라온 군중들의 함성소리, 로마 군병들의 고함소리, 예수님을 따르던 사람들의 통곡소리, 십자가에서의 비명소리, 못 박는 소리가 혼재되어 골고다 언덕의 분위기가 느껴졌습니다.

1964년 영화 〈마태복음〉을 만든 이탈리아의 거장 파솔리니 감독은 보이는 대부분의 외부 장면을 마테라에서 촬영했습니다. 그는 예수님 당시의 팔레스타인 지역을 제대로 재현하고자 스튜디오가 아닌 현장에서 촬영하고 싶어 했습니다. 장소 물색을 위해 그는 예루살렘, 텔아비브 등 팔레스타인 지역을 두루 다녔습니다. 팔레스타인 지역은 너무 현대화되어 예수님 당시의 모습을 재현하기는 불가능하다는 판단을 내렸습니다. 대안으로 발견한 도시가 바로 숨겨져 있던 도시, 마테라였습니다.

영화에 암석산 산꼭대기에 빈민들이 살고 있는 동굴집들과 아이들이 놀고 있는 장면이 나옵니다. 그곳은 마치 2천 년 전 팔레스타인처럼 보였습니다. 예수님의 고향 나사렛은 물론, 탄생지 베들레헴, 그리고 생의 마지막에 겪었던 수난의 장소 예루살렘으로도 마테라를 이용했습니다. 영화의 마지막 장면인 십자가 처형 장면은 마테라 도시를 배경으로 진행되었습니다. 말하자면, 예수님과 관련된 팔레스타인 지역에서의 주요한 일들은 전부 마테라에서 촬영된 것입니다.

마테라는 고대적 분위기와 아름다움이 묻어 있는 독특한

도시로서, 영화 촬영지로서의 인기를 더해 가고 있습니다. 이제 가난하고 헐벗은 공간이 아니라, 고대 문명을 안고 있는 세련된 도시로 거듭난 것입니다.

　마테라를 떠나면서, 머물렀던 동굴 호텔과 레스토랑, 좁고 구불구불하고 미로와 같은 골목 계단길을 기억에 담았습니다. 그리고 우리를 위해 모든 것을 마련해 놓으신 예수님은, 기독교 영화를 촬영하기에 적합한 장소까지 예비해 놓으셨구나 하는 생각이 들었습니다.

나는 우연히 생긴 존재가 아니다

과거 뉴욕에 있는 IBM 왓슨 연구소에서 AI(인공지능) 연구를 했습니다. AI의 여러 분야의 연구실이 있었습니다. 영상 인식 연구실에서는 약 30명 정도의 세계 톱클래스 연구원들이 오랫동안 컴퓨터 비전 연구를 하고 있었습니다. 그들의 궁극적 목표는 사람 눈의 물체 인식 수준에 버금가는 인공 컴퓨터 눈을 만드는 것이었습니다. 어느 날 그들이 오랫동안 연구 개발한 시스템을 보여 주었습니다. 실망스럽게도 물체 인식 수준이 사람은커녕, 잠자리 눈에도 못 미칠 정도였습니다.

그날 밤 집에서 한 살밖에 안 된 내 아이가 사물을 인식하는 것을 보았습니다. 연구소의 세계 최고의 전문가들이 모여서 오랜 기간 연구 개발한 것보다 비교가 안 될 만큼 우월한 것을 깨달았습니다. 많은 의문이 생겼습니다.

혹시 여러분도 "내가 어떻게 만들어져 태어났고, 심장은 어떻게 조금도 멈춤 없이 하루 종일 작동하는가?" 등에 대해 생각해 본 적이 있으십니까? 우리가 어찌어찌 우연히 만들어져 태어났고, 심장도 그냥 알아서 작동하는 것일까요? 궁금하지 않으십니까?

인간은 부모로부터 태어납니다. 아기는 태어날 때부터 시청각, 심장 운동, 인지, 소화 기능 등 놀랄 만한 생물학적 기능을 가지고 태어납니다. 아기를 출산한 부모는 아기 신체의 어떤 기능도 설계하거나 만들 능력이 없습니다. 그럼 내 아이가 가지고 있는 그런 기능들은 과연 누가 설계하고 만들었단 말입니까? 인간은 자신의 신체 장기 구조도 모르고, 어떻게 작동하는지도 모릅니다. 잠시도 쉬지 않고 하루 종일 작동하는 뇌와 심장을 포함하여 엄청나게 복잡한 신체 장기는 도대체 누가 만들고 작동하게 하는 겁니까? 이런 원초적인 의문들이 꼬리를 물고 생겨났습니다.

이에 대해 일부 진화론자들은 '진화'에 의해서, 심지어 '우연히'라고 말합니다. 정말입니까? 학창 시절 생물 시간에 배운 진화론이 인간이 만든 가설과 화석을 포함한 조각들을 억지로 짜 맞춘 '그럴듯한' 이야기에 불과하다는 것은 일찍이 알고 있었습니다. 진화론은 분자 물질들이 '오랜 세월 동안' 우연히 모여 인간의 몸과 두뇌를 형성했다고 설명합니다. 가장 단순한 생명체도 지금까지 인간이 만들어낸 어떤 것보다 훨씬 복잡한 구조를 갖고 있습니다. 그들이 즐겨 사용하는 만병통치약적 무기는 '오랜 세월 동안'입니다. 단세포 생물이 '오랜 세월 동안' 진화하여 복잡하고 정교한 인간이 되었다고 주장하는 것이 정말 터무니없다는 생각에 이르렀습니다.

어떤 사람이 한 대장간을 방문했을 때, 대장장이에게 하나님의 계심과 모든 우주의 운행을 주관하고 계심에 대해 이야기했습니다. 하지만 그 대장장이는 진화론자의 주장을 따라 온 우주와 인간의 탄생과 작동은 우연히 되는 것이라고 주장했습니다. 방문자는 모든 것이 '우연히' 되었다고 말하는 대장장이에게 호미를 하나 달라고 해, 호미 날과 나무 자루(손잡이)를 분리했습니다. 이를 작은 상자에 넣은 후, 두 개가 우연히 달라붙어 완전한 호미가 될 때까지 흔들어 보라고 했습니다. 간단한 것이지만 '오랜 세월이 지나면', '우연히' 호미 날과 자루가 붙을까요? 하물며 상상을 초월하리만큼 복잡한 천지만물이 어떻게 이렇게 잘 작동할까요?

인간의 신체 및 사고 기능은 결코 '진화'나 '우연히' 만들어지는 그런 조잡한 것이 아닙니다. '그럴듯한' 것과 진실은 하늘과 땅 차이입니다. 인간이 똑똑한 것 같지만 이런 부분에 대해서는 우매한 것 같습니다. 그렇다면 과연 누가 내 몸을 설계하고 만들어 어머니를 통해 세상에 나오게 했고, 누가 동작시키고 있는지에 대한 궁금증은 오랫동안 풀리지 않은 갈증이었습니다.

우리는 흔히 부부가 성관계를 해 아기를 임신했다고 말합니다. 그런데 어떤 부부는 생식 기관에 아무 문제가 없는데도 임신이 안 되는 경우가 많습니다. 왜 그럴까요? 성관계는 부부가 하지만, 임신은 부부가 하는 것이 아니라 '누가' 시켜 주는 것이기 때문입니다. 성경은 확실하게 하나님이 우리를 만드셨다고 말합니다. "주께서 내 내장을 지으시며 나의 모태에서 나를 만드셨나이다"(시 139:13).

학생시절부터 "하나님은 없다"라는 이른바 '무신론'을 주장하는 목소리는 간간히 들었습니다. 하지만 하나님이 존재하지 않는다는 주장을 증명하기는 매우 어렵습니다. 아니, 불가능합니다. 왜냐하면 무신론은 인간의 모든 역사와 온 우주를 살펴본 후, 하나님이 어디에도 없다는 것을 확인한 후에야 설득력이 있기 때문입니다. 무신론을 주장하는 사람들이 온 우주를 다 탐색한 후 하나님은 존재하지 않는다는 결론을 내렸던가요? 아닙니다. 단지 그들의 마음이 그렇게 단정하고 싶은 것이지요. 그게 마음이 편할 수 있기 때문입니다. 하지만 위급한 상황을 만나면 인간은 본능적으로 "하나님, 살려 주세요!"라고 합니다. 혹은 재난을 당하면 "하나님도 무심하시지"라고 무의식중에 말합니다. 만일 하나님이 존재하지 않는 허구라면 본능적으로 이런 말을 할 수 있을까요?

천지와 만물을 자기의 선한 뜻대로 지으신 전지전능하신 하나님을 우리의 오감이나 이성이나 논리로 알 수 있습니까?

하나님이 창조하신 수많은 종류의 빛 중에서 우리는 겨우 가시광선만 볼 수 있을 뿐, 자외선이나 X-ray 등은 보지 못합니다. 보이지 않는다고 해서 자외선이나 X-ray가 존재하지 않습니까?

시간과 공간을 지으신 하나님이 인간의 제한된 시야나 사고 속에 들어오실 수 있겠습니까? 우리가 느낄 수 없다거나 볼 수 없다고 해서 하나님이 없다고 말할 수 있습니까? 땅 위에서 기어 다니는 개미가 인간을 인식할 수가 있습니까? 인식할 수 없겠지요. 개미가 인간을 인식할 수 없다고 해서 인간이 없습니까? 하물며, 천지를 지으신 하나님을 인간의 이성이나 과학으로 알 수 있다고 생각하십니까? 절대로 그럴 수 없습니다. 사실 제한된 인간의 오감이나 감정으로 인식이 되고 이해되는 그 무엇은, 이미 하나님이 아닐 것입니다.

나는 단세포 생물에서 진화한 존재가 아닙니다. "주께서 나를 경이롭게, 멋지게 지으셨습니다. 주의 작품은 정말 놀랍습니다. 내 영혼이 너무나 잘 알고 있습니다"(시 139:14, 우리말성경). 나는 하나님이 설계하고 만드신 최고의 작품입니다.

하나님이 만드신 인간은 간단치 않다

김연아 선수가 피겨 스케이팅 중 높이 점프해 세 바퀴 반을 돌고 착지하는 이른바 '트리플악셀 점프'를 하는 모습, 피아니스트 조성진이 신들린 듯 연주하는 모습을 보면 경이롭습니다. 그런데 그들에게 경기 혹은 연주를 그렇게 잘하는 방법을 글로 써 달라고 하면 난감해할 것입니다. 스케이트나 피아노를 긴 세월 동안 연습해 몸에 밴 경험을 글로 표현하기는 불가능하니까요.

우리는 무언가 알고 있으면, 이를 모두 말할 수 있다고 착각합니다. 하지만 영국의 철학자 '마이클 폴라니Michael Polanyi'는 "인간은 말할 수 없는 것도 알기 때문에, 우리가 말할 수 있는 것보다 훨씬 더 많이 알고 있다"라고 말했습니다. 폴라니의 주장은 우리가 의식적으로 인식하지 못하는 많은 지식이 있고, 이 지식이 작업 수행 능력에 중요한 역할을 한다는 것을 시사합니다.

폴라니는 인간의 지식을 크게 둘로 나누었습니다. '명시적 지식'과 '암묵적 지식'입니다. 명시적 지식은 언어로 표현할 수 있고 문서화가 가능한 지식으로, 컴퓨터 사용법, 타이어 교체 방법, 초코칩 쿠키 레시피, 체스의 규칙과 같이 책이나 매뉴얼에 기록되어 누구나 배울 수 있는 지식입니다.

반면 암묵적 지식은 언어나 시각으로 표현하기 어려운, 개인의 경험과 학습을 통해 쌓인 지식을 말합니다. 완전히 설명할 수 없는 작업을 인간이 수행할 수 있게 해주는 것입니다. 이는 자전거 타기, 프레젠테이션 기술, 악기 연주법과 같이 한 번 습득하면 잊기 어렵고, 상황에 따라 다르게 적용되는 직관적인 지식입니다. 우리는 종종 "한눈에 알아봤다", "감 잡았다"라는 표현을 씁니다. 말로 설명하기는 어려우나 다 파악하여 암묵적으로 알고 있다는 뜻이지요. 우리는 어떤 사람의 얼굴을 의도적으로 기억하려 애쓰지 않아도, 그 사람을 길에서 만나면 즉시 알아볼 수 있습니다. 이는 명시적으로 얼굴의 특징을 묘사하기는 어려우나, 암묵적으로 그 사람을 기억하고 있기 때문입니다.

인간이 가지고 있는 지식, 기억과 그것들의 사용 과정에 대한 암묵적 지식을 로봇에 넣을 수 있을까요? 김연아 같은 로봇 피겨 스케이터가 나올 수 있을까요? 현재 AI로서는 엄두도 못 낼 일입니다. 어떤 작업을 수행하도록 로봇을 프로그래밍하려면 과정에 대한 완전하고 명확한 설명이 필요한데, 우리가 정확하게 설명할 수 없는 암묵적 지식은 프로그래밍할 수 없습니다. 폴라니는 이것이 인간을 흉내 내려는 AI의 한계라고 일깨워 줍니다. 이 한계를 극복하는 방법은 기계와 인간이 협력하여 문제를 해결하는 것입니다. 인간은 기계에게 부족한 암묵적 지식을 제공하고, 기계는 인간에게 부족한 처리 능력과 속도를 제공하는 것이죠.

전문가들은 인간의 지식 중 암묵적 지식이 약 80%, 명시적 지식이 약 20%를 차지한다고 보고 있습니다. 인간의 지식은 명시적 지식과 암묵적 지식의 조합으로 이루어져 있어서, 이 두 지식의 구분이 항상 명확한 것은 아닙니다. 일부 지식은 명시적일 수도 있고 암묵적일 수도 있습니다. 예를 들어, 악기를 연주하는 방법에 대한 지식은 명시적(악보 형식) 및 암묵적(근육 기억 및 운동 감각 인식 형식)일 수 있습니다.

미국 로봇 공학자 '한스 모라벡Hans Moravec'은 1988년 "지능 테스트나 게임에서 성인 수준의 성능을 지닌 컴퓨터를 만드는 것은 비교적 쉽지만, 지각이나 운동 능력 면에서 한 살짜리 아기 정도의 수준을 갖춘 컴퓨터 개발은 어렵거나 불가능하다"라고 주장했습니다. 예를 들면, 체스와 바둑은 AI가 능력을 잘 발휘하는 분야입니다. 인간 마스터도 쉽게 이깁니다. 엄청나게 많은 과거 케이스를 이용해 이에 대한 경험을 알고리즘화했기 때문에 고성능 컴퓨터로 이를 수행한다면 인간이 감당하기 힘듭니다. 하지만 컴퓨터는 커피를 따르는 간단한 일은 매우 어려워합니다. 기계가 아무리 많은 지식을 가지고 있더라도, 이를 수행하려면 기계가 할 수 있는 수준보다 훨씬 높은 신체적, 인지적 능력이 필요하기 때문입니다. 모라벡의 주장을 달리 말하면 "인간에게 어려운 일이 AI에게는 쉽고, 인간에게 쉬운 일이 AI에게는 어렵다"입니다.

인간은 다양한 종류의 개를 잘 인식하지만, AI는 그렇지 못합니다. 왜 그럴까요? 인간과 AI는 학습 방법이 근본적으로 다르기 때문입니다. '개'는 불도그, 셰퍼드, 골든리트리버, 사모예드, 치와와 등 품종이 다양합니다. 모습이 상당히 달라도 사람은 개를 잘 인식합니다.

인간은 그 많은 품종의 동물이 개라는 것을 어떻게 알까요? 신기하지 않습니까? 인간은 '개'라고 하면 이미지를 떠올립니다. 그런데 만약 개에 "네 발로 걷는다"라는 정의가 포함된다면, 다리 하나가 절단된 개는 더 이상 개가 아닌 것이지요. 털 색깔, 코 모양과 크기도 일률적으로 정의하기 어렵습니다. 그러므로 "묘사하는 것만으로는 절대 개를 정의할 수 없다"라는 결론에 이르게 됩니다.

그렇다면 인간은 어떻게 보통 개와는 생김새가 아주 다른 종류의 개도 '개'로 인식하는 걸까요? 인간은 어렸을 때부터 많은 그림을 통해서나 실제로 개를 보면서 그 동물이 '개'임을 학습해 왔습니다. 이런 경험이 수없이 반복되면서 다양한 개의 이미지가 머릿속에 자리 잡게 되는 것입니다. 인간이 수행하는 이러한 학습법에는 '개'의 정의 같은 개념이 끼어들 수 없는 것입니다. 흔하지 않은 모습의 개를 보면 '저것도 개인가?' 하고 잠시 생각하지만, 곧바로 '아, 이것도 개이구나' 하며 개에 대한 이미지를 수정하고 그러한 이질적인 모습도 개의 범주에 포함시킵니다. 그러니까 "개를 정의하여 인식하는 방식으로는 AI에게 학습을 시킬 수 없다"라는 결론에 도달하게 됩니다.

진정으로 지능적인 기계를 만들려면, 현재보다 더 인간의 마음을 이해해야 합니다. 성경은 인간은 하나님의 형상을 따라 만들어졌을 뿐 아니라, 하나님의 영혼을 불어 넣은 생명체라고 말하고 있습니다. 하나님이 만든 인간은 단순하지 않습니다. 이런 인간과 같은 기능과 역량을 가진 기계를 만들 수 있을까요?

AI는 차가운 기계일 뿐이다

인간은 어떤 존재입니까? 일부 사람들이 주장하듯 단세포 생물이 "오랜 시간 동안", "어찌어찌하여" 여러 단계로 진화해 원숭이가 되고, 이것이 다시 "오랜 시간 동안" 진화하여 인간이 되었다고 생각하십니까?

창세기는 하나님이 창조하신 인간의 속성이 어떠한지를 간략하게, 하지만 정확하게 이야기해 주고 있습니다. 우선 인간이 '하나님의 형상'을 따라 창조되었다고 말합니다(창 1:26). 더 나아가, 인간은 단순히 물질적 존재가 아니라 영적 속성을 가진 존재라고 말합니다(창 2:7). 여기서 주목할 것은 '하나님의 형상'이라는 표현입니다. 이는 인간이 단지 육체적 존재가 아니라, 도덕적, 지적, 영적 능력을 가진 존재라는 뜻입니다.

AI 연구는 인간의 기능을 가진 기계를 만들려는 야심찬 목적으로 시작되었습니다. 약 70년 전 1956년 여름, 당시 여러 분야의 학자들이 미국 다트머스 대학에 모여 개최한 컨퍼런스를 AI의 시작으로 간주합니다. 인공지능, 즉 'Artificial Intelligence'라는 용어도 그때 만들어졌습니다. 다트머스 컨퍼런스의 초기 멤버들은 AI의 미래에 대해 매우 낙관적인 견해를 가지고 있었습니다. AI 커뮤니티에 있는 대부분의 사람들도 같은 견해를 가지고 있었습니다. 미래에 대한 부푼 희망과 낙관으로, AI가 사람과 같은 지능과 능력을 가질 것이라는 생각을 당연하게 받아들였습니다. 지금 챗GPT로 인한 열기보다 훨씬 더 높았던 것으로 생각됩니다.

얼마만큼 많은 기대를 걸었을까요? 1960년대 초, AI라는 말을 만든 '존 매카시 John McCarthy'는 10년 만에 완전히 지능적인 기계 개발을 목표로 했고, 노벨수상자인 '허버트 사이먼 Herbert Simon'은 AI가 20년 안에 사람이 할 수 있는 모든 일을 해낼 수 있을 것이라고 예측했습니다. 또 MIT AI 연구소 창립자인 '마빈 민스키 Marvin Minsky'는 "AI 문제 대부분은 한 세대 안에 해결될 것이다"라고 장담했습니다. 그들은 정말 그렇게 믿었습니다. 물론 이런 예측은 모두 물거품으로 끝났지만요.

그 후에도 설득할 만한 근거가 없었지만, AI의 미래에 대한 낙관적 전망들은 꼬리에 꼬리를 물고 이어졌습니다. 특히 사회에 영향력이 있는 일부 인사와 AI 리더들이 내놓은 미래에 대한 장밋빛 전망은 대중들이 "AI는 내부에 무슨 매직이 있는 것 같다"라는 인식을 하도록 만들었습니다.

2016년 3월, 서울에서 구글의 바둑 AI인 '알파고'와 이세돌 간에 세계의 이목을 끈 바둑 게임이 열렸습니다. 한국에서는 AI 계몽 이벤트로 여겨질 만큼, 전 국민의 시선이 집중되는 행사였습니다. TV 해설가의 입에서는 일반인에게 생소한 AI 전문 용어가 거침없이 튀어나왔습니다. 이후 한국에서 AI는 모든 것을 해결할 수 있는 알라딘의 요술램프로 등극했습니다.

초기 AI 개척자들의 목표는 인간의 능력과 같은 수준의 AI를 개발하는 것이었습니다. '범용 AI'라고 부릅니다. 이를 이루려면 인간의 지능을 이해하고 모방할 수 있어야 합니다. 일부 전문가는 범용 AI 시대가 곧 도래할 것이라고 전망했습니다. 하지만 범용 AI를 성취하기가 어렵다는 것을 알게 되는 데는 그리 오래 걸리지 않았습니다. 현재 우리가 이룬 성과는 이 목표가 쉽지 않다는 것을 알게 되었다는 것입니다. 인간은 카피할 수 있을 만큼 그리 단순한 존재가 아니라는 것을 깨달은 겁니다. 비유하자면, 마라톤 경기장 출발점에서 10미터도 가지 못하고 "결승점에 도달하기는 거의 불가능하다"는 것을 알아버린 셈입니다.

2022년 말 공개된 챗GPT에 대한 사람들의 기대가 매우 높습니다. 혹자는 챗GPT가 범용 AI라고 주장합니다. 그러나 이를 챗GPT에 질문하면 다음과 같이 자신은 범용 AI가 아니라고 정확하게 답변합니다.

질　문: 챗GPT는 범용 AI인가요?

챗GPT: 아니요, 챗GPT는 범용 AI가 아닙니다. OpenAI의 GPT 아키텍처를 기반으로 하는 챗GPT는 학습 데이터를 기반으로 사람과 유사한 텍스트를 이해하고 생성하는 데 특화된 좁은 의미의 AI입니다. 반면에 범용 AI는 인간이 할 수 있는 모든 지적 작업을 이해하고 학습하며 수행할 수 있는 능력을 갖춘 인공지능을 말합니다. 챗GPT는 정교하지만 그 기능은 자연어 처리 영역으로 제한되어 있습니다.

시간이 흐르면서 AI의 노력은 점차 언어인식, 체스게임, 자율주행 등 명확하고 좁은 분야의 실용적 과제에 집중되어 왔습니다. 현재까지 AI 분야에서 성공적인 결과를 낸 프로젝트는 모두 좁은 AI의 사례들입니다. 이들은 좁게 정의된 영역의 작업만 수행할 수 있는 AI입니다. 2016년 이세돌을 이긴 '알파고'는 그 당시 세계 최고의 바둑 플레이어일지 모르지만, 다른 업무는 전혀 할 수 없지요. 더 나아가 19×19 바둑판이 아닌 15×15 혹은 20×20 바둑판 게임에서도 과연 월드 마스터를 이길 수 있을까요? 그렇지 못할 것입니다.

AI의 능력을 과도하게 믿는 사람들은 AI 개척자인 존 매카시가 솔직하게 언급한 "AI는 우리가 생각한 것보다 어려웠다"라는 말의 의미를 제대로 이해하지 못한 것 같습니다. AI는 복잡한 질병을 진단하고, 체스와 바둑에서 인간 챔피언을 이기고, 복잡한 수학 문제를 푸는 것은 잘합니다. 하지만 인간이 '쉽게 달성하는 일'은 수행하기 어렵습니다. 컴퓨터 과학자인 마빈 민스키도 "AI는 쉬운 것은 못하고 어려운 것은 잘한다"라는 역설적이고 의미심장한 말을 남겼습니다. AI의 대가인 이들이 범용 AI를 실현하기 위해 오랜 세월 도전과 실패를 거듭한 끝에 인생 후반기에 내린 결론입니다.

역사를 뒤돌아보면, 인간은 항상 자신의 한계를 뛰어넘으려는 욕구를 가지고 있었습니다. 특히 인간이 인간과 같은 능력을 가진 기계, 즉 AI를 만들려는 욕망은 주목할 만합니다. 이러한 시도의 숨겨진 이유 중 하나는, 인간이 자신의 능력을 증명하고, 인간을 창조한 하나님과 동등한 존재임을 입증하려는 시도로 해석될 수 있습니다. 고대 사람들이 하늘에 닿는 바벨탑을 쌓고자 시도한 것과 같은 맥락입니다.

이러한 시도에는 중대한 오류가 있습니다. 인간이 만든 AI는 인간의 감정, 의식, 자유 의지와 같은 본질적인 특성을 결코 갖출 수 없다는 점입니다. 따라서 AI를 통해 인간이 하나님과 동등한 존재가 되려는 시도는 근본적으로 허구일 수밖에 없습니다. AI는 아무리 똑똑하게 보여도, 온기가 없는 차가운 기계일 뿐입니다.

완전 자율주행차의 갈 길은 멀다

2015년부터 자율주행자동차에 관한 뉴스가 미디어의 헤드라인을 장식하고 있습니다. 자율주행자동차는 AI 발전에 힘입어 크게 성장한 영역입니다. 대규모 투자가 이루어져 주요 자동차 업체는 물론이고, 많은 스타트업도 출범했습니다. 테슬라사의 '일론 머스크Elon Musk'를 비롯한 오피니언 리더들이 장밋빛 공약을 연이어 내놓았습니다. 대부분 과대 포장이었습니다.

현실은 그리 낙관적이지 않습니다. 2023년 8월 자율주행 분야 선두 업체인 GM 크루즈가 샌프란시스코에서 출시한 자율자동차가 사고를 많이 내어 운행 정지를 당했습니다. 자율주행차 개발을 하던 완성차 업체들이 잇따른 장애물에 부딪치는 모습입니다. 포드와 폭스바겐이 합작한 자율주행 업체 '아르고AI ArgoAI'가 시작한 지 6년 만에 문을 닫았습니다. 애플이

2014년부터 수행해 온 자율주행차 프로젝트는 2024년 막을 내렸습니다. 완전자율주행차에 대한 회의가 높아지고 있습니다. 곧 눈앞에 성큼 다가올 것만 같았던 완전자율주행차는 아직 갈 길이 먼 것 같습니다.

2010년 이후 AI 전문가들과 기업가들은 AI에 대한 장밋빛 약속을 했습니다. 하지만 현실은 그들의 약속에 한참 못 미쳤습니다. 근본적인 원인은 무엇이었을까요? 지난 10년 동안 거둔 성공은 대부분 대상의 '인식'에 기반한 것이었습니다. '인식'을 넘어 '이해'하는 것은 난이도 면에서 차원이 다릅니다. 이해가 아닌 인식만으로는, 실제 세상의 문제를 해결하기 어렵습니다. 자율주행차가 대표적인 예입니다.

자율주행차는 운전자의 일부 기능이 자동화되어 도로를 주행합니다. 라이다, 카메라, 레이더, 초음파 센서 등의 다양한 센서와 차량사물통신을 이용하여 주변 환경을 인식합니다. 또한 GPS의 위치 정보와 도로 상황 정보를 토대로 운전자의 개입 없이 스스로 차량을 제어합니다. 자율주행차는 자율 정도에 따라 레벨 0~5까지 총 6단계로 구분됩니다. 레벨 0은 비자동화, 레벨 1은 운전자 보조, 레벨 2는 부분 자동화, 레벨 3은 조건부 자동화, 레벨 4는 고도 자동화, 레벨 5는 운전자가 필요 없는 완전 자동화 단계입니다. 즉 자동차에 운전석, 액셀, 브레이크, 스티어링휠 등 조작 장치가 없습니다. 탑승자가 목적지를 말하면, 시스템이 스스로 운전하는 것이죠.

레벨 0에 해당하는 전통적인 자동차를 사용해 왔던 우리는 차선 유지, 자동 출발과 정지 기능 등이 탑재된 차를 타도 대단한 자율주행차를 탄 것처럼 느끼는 착각에 빠지기 쉽습니다. 이런 기능은 잘해야 레벨 2 정도입니다. 레벨 3부터는 자율주행 기능을 작동시켰을 경우, 운전자는 주행 과정에 관여하지 않습니다.

자율주행차에 장착된 센서들은 날씨, 사물, 도로 환경, 자동차의 주변 상황 등을 '인식'하는 역할을 합니다. 우리가 운전할 때 하는 행동의 90퍼센트 정도는 설명이 가능하므로 기계가 수행하도록 명시적으로 프로그래밍할 수 있습니다.

문제는 기계가 지금까지 경험해 보지 못한 상황입니다. 경험해 보지 않은 것은 훈련 데이터가 존재하지 않으므로 학습시킬 수가 없습니다. 특정 분야에서 사용하도록 개발된 AI는, 이것이 작동하는 환경과 상황이 이전에 경험했던 것과 크게 다르지 않을 것이라는 가정 하에 구축된 것입니다. 이전에 경험해 보지 않은 상황은 데이터가 없고, 따라서 학습할 수 없으므로 예측이 어려워 정상적으로 작동하기 어렵습니다. 예컨대, 주행 중 차 위로 갑자기 큰 돌이 굴러떨어지거나 앞에 가는 차에서 갑자기 화재가 날 경우입니다. 이럴 때 현실에 대한 상식과 위기대응 능력이 있는 인간은 상황을 재빠르게 '이해'하여 필요한 행동을 취할 수 있습니다. 하지만 이런 긴급 상황에 대한 데이터가 없어 훈련을 받지 않은 기계는 어떤 행동도

할 수가 없습니다. 현실적으로 완전자율주행차를 기대하기 어려운 이유입니다.

자율주행차는 레벨 1부터 AI 기술이 필요하며, 레벨이 한 단계씩 올라갈수록 점점 고도화된 AI 기술이 요구됩니다. 레벨 5의 완전자율주행차는 인간과 같은 완벽한 수준의 AI 기술이 있어야만 실현할 수 있습니다. 2015년 무렵 자동차 메이커 및 미디어는 5~10년 내에 레벨 5의 완전자율주행차가 등장할 것이라고 내다봤습니다. 2016년 미국 경제 매체인 〈비즈니스 인사이더〉는 "2020년까지 1천만 대의 자율주행차가 도로 위를 달리게 될 것"이라고 예측했습니다. 2015년 테슬라의 CEO 일론 머스크는 2018년까지 완전히 자율적인 테슬라를 만들겠다고 말했습니다. 이 약속은 계속 미루어졌습니다. 여러 회사들이 2020년대 중반에 레벨 5 수준의 자율주행차를 출시할 것이라고 말했습니다. 하지만 각 기업에서 공언했던 일은 이루어지지 않았습니다. 기술 및 자동차 분야 기업들의 많은 노력에도 불구하고, 일부 시험 프로그램을 제외하고는 아직 완전자율주행차 근처에도 도달하지 못하고 있습니다. 대부분 이전 수준에서 조금 향상된 정도에 그쳤던 것입니다. 예를 들면, 충돌이 예상될 때 자동으로 제동을 걸거나, 차선을 유지하는 데 도움이 되는 기능, 또는 주로 고속도로 주행을 처리하는 오토파일럿이 장착된 테슬라 모델 S는 레벨 2에 해당됩니다. 레벨 2 자율주행은 운전자가 항상 차량을 모니터링하고 필요할 때 개입

해야 하는 반자율주행 시스템입니다. 머스크는 자율주행차와 관련해 여러 번 말을 바꾸는 양치기 소년이 되어 산업계와 고객을 혼란스럽게 했습니다. 2021년 7월 그는 트위터에서 다음과 같이 말했습니다. "일반화된 자율주행은 어려운 문제다. AI의 큰 부분을 풀어야 하기 때문이다. 자율주행차 개발이 이렇게 어려울 줄은 예상하지 못했지만, 돌이켜보면 어렵다는 게 명백했다." 2021년에 와서야 일반화된 자율주행이 어렵다는 걸 알았다는 것인가요? 머스크는 AI의 전설인 '마빈 민스키'가 AI에 관해 남긴 유명한 역설, 즉 "인간에게 어려운 일이 AI에게는 쉽고, 인간에게 쉬운 일이 AI에게는 어렵다"라는 말의 진정한 의미를 이해하지 못했던 것일까요? 어쨌든 그의 계속된 '아니면 말고' 식의 언행으로 실망한 사람들이 적지 않았습니다.

사실 머스크만 자율주행차 제작이 어렵다는 사실을 깨달은 것은 아닙니다. 거의 모든 업계가 2020년대 중반에는 도로가 자율주행차로 가득 차게 될 것이라고 예측했습니다. 하지만 시간이 흐르면서 자율자동차의 복잡성과 난이도를 너무나 과소평가했음을 인정했습니다.

인간은 기계가 흉내 내기 힘든 복잡성을 내재하고 있습니다. 그래서 인간에게는 '쉬운' 것이 기계는 '어려운' 것입니다. 특히 신속한 판단과 행동이 개입되어야 할 경우 사람은 '암묵적 지식'을 사용합니다. 예를 들어 운전하다가 자동차 앞에서 길을 건너려 하는 보행자의 표정을 보면 그가 어떤 행동을 하게 될지 알 수 있습니다. 한눈에 척 알아보는 것이죠. 이는 배워서 아는 것이 아닙니다. 암묵적 지식으로 그 상황이 파악되는 것입니다. 그러나 기계는 아무리 훈련해도 암묵적 지식을 가질 수 없습니다. 자율주행차의 경우 이러한 한계가 극명하게 드러났습니다. 엄청난 시간과 노력을 투자했지만, AI는 안전하게 주행해야 한다는 '간단한' 실제 문제를 해결하는 방법을 찾지 못했습니다.

적지 않은 자율주행차 전문가들은 "레벨 5의 완전자율주행차는 마치 화성에 가는 일과 비슷하며 어쩌면 절대로 일어나지 않을지 모른다" 혹은 "현실적으로 레벨 4~5단계의 자율주행차가 가능한 시기가 언제 올지조차 모르겠다"라고 조심스럽게 말했습니다. 가까운 장래에 자율주행차의 획기적인 발전을 기대하기는 어려울 것 같습니다.

최근 AI가 부분적으로 뛰어난 기량을 발휘하기 때문에 인간과 비슷해졌다고 열광하는 사람들이 있습니다. 착각입니다. 어린 아기가 기기만 하다가 걸음마를 시작하면 마치 다 큰 것처럼 환호하는 부모들이 있습니다. 물론 사실이 아니지요. 기계가 아무리 많이 발전해도, 하나님의 형상을 닮은 인간의 영역에 도달하는 것은 요원합니다.

신앙공동체에서 생성형 AI 활용하기

교회와 그리스도인 커뮤니티에서 챗GPT를 사용하고 계신지요? 앞으로 사용할 계획을 가지고 계신지요? 아니면 아직 생각해 보지 않으셨는지요?

하나님은 인간에게 도움이 되는 기술을 많이 주셨습니다. 그중 하나가 인공지능AI입니다. 지난 70년 동안 AI는 꾸준히 발전해 왔습니다. 2016년 '알파고'가 바둑 챔피언 이세돌을 물리쳐서 우리를 놀라게 했습니다. 많은 사람들이 AI가 공상소설에 나오는 허구가 아니라, 현실에 가까이 와 있다는 것을 느꼈습니다. 그 후 여러 놀라운 기술들이 선보이던 중, 2022년 11월에 OpenAI사가 출시한 '챗GPT'라는 '생성형 AI Generative AI'가 쓰나미급 충격으로 다가왔습니다. 챗GPT는 사람의 언어로 자연스럽게 대화를 이끌어가고 새로운 콘텐츠를 창작하는 능력이 있습니다.

AI는 지능이 필요한 업무를 기계, 즉 컴퓨터에게 시키는 기술입니다. 또 그런 노력으로 만들어진 컴퓨터의 지적 능력을 AI라고 부르기도 합니다. AI는 인간이 제공한 지식을 이용하기도 하고, 대용량 데이터로부터 학습해 능력을 갖추기도 합니다.

AI 분야 중 최근의 화두는 단연 생성형 AI입니다. 기존 데이터를 기반으로 학습하여, 사용자 요구에 맞는 새로운 결과물을 창출하는 것입니다.

분석형 AI라고 부르는 전통적인 AI는 이미 존재하는 대상을 분석, 분류 및 추천하는 업무에서 큰 성과를 거두었습니다. 하지만 일반인의 접근 장벽이 매우 높고, 콘텐츠 생성 기능은 없으므로 활용에 한계가 있었습니다. 반면 생성형 AI는 새로운 글을 쓰고, 그림을 그리고, 작곡을 하고, 컴퓨터 코드를 만들어내는 등의 창작 능력이 있습니다. 즉 '창의성이 있는 것처럼' 업무를 수행합니다. 생성형 AI는 전문가가 아닌 일반인도 사용하기 쉽습니다. 생성형 AI의 대표 주자인 챗GPT는 자연어로 대화하는 챗봇입니다. 사람이 화두를 던지면 그 주제로 이야기를 만들어냅니다. 다양한 주제에 대하여 깊이 있는 대화가 가능합니다. 맥락을 이해하고, 깊이 생각하여 언어를 구사하는 것처럼 느껴집니다. 인간이 쉽게 할 수 없는 복잡하고 창의적인 콘텐츠 생성도 가능합니다. 새로운 콘텐츠뿐만 아니라, 기존 콘텐츠의 품질을 향상하거나 새로운 기능을 추가하는 데 활용될 수 있습니다. 예를 들어, 생성형 AI를 활용하면 이미지의 품질을 높이거나, 동영상에 특수 효과를 추가하거나, 텍스트를 음성으로 변환할 수 있어 새로운 형태의 엔터테인먼트의 등장도 기대됩니다. 삶의 질이 높아지고 사회 구조와 문화에 변화를 가져올 수 있는 가능성이 높아졌습니다. 또 예술, 음악, 문학, 게임 등 다양한 분야에서 새로운 시장을 창출해 콘텐츠 활성화에 기여할 것으로 기대됩니다.

생성형 AI 기술은 모든 산업 분야에 큰 변화를 가져오고 있습니다. 금융, 법률, 광고, 출판, 교육산업에서는 이미 많은 혁신을 이루고 있습니다. 종교 분야도 예외는 아닐 것입니다.

사실 그리스도인 커뮤니티에서 과거에 전통적인 AI를 활용해 보려고 노력했으나 성공한 사례는 많지 않았던 것 같습니다. 하지만 생성형 AI의 활용은 지난날 전통적인 AI와는 완전히 다릅니다. 교회의 다양한 영역에서 효율성을 높이고, 새로운 방식의 소통과 참여 패러다임이 정착할 가능성이 매우 높습니다.

교회에서 생성형 AI 활용은 여러 영역에 걸쳐 생각할 수 있습니다. 당장 아래 다섯 영역에서 시도해 볼 수 있을 것 같습니다.

첫째, 생성형 AI는 목사나 교육 담당자가 설교 혹은 교육 자료를 개발하는 데 필요한 객관적 사실이나 논점을 신속히 도출하므로 내용과 효율성 면에서 큰 효과가 있습니다. 성경

구절, 신학적 개념, 역사적 사건에 대한 정보를 제공받을 수 있을 뿐 아니라, 특정 주제에 대한 다양한 관점을 탐색하거나 글을 작성하는 데도 유용하게 사용될 수 있습니다.

둘째, 교회 멤버들과의 소통을 강화하기 위해 챗GPT를 사용할 수 있습니다. 예를 들어, 교회 소식지를 작성하거나, 교회 웹사이트나 소셜 미디어에서 챗GPT를 활용해 신속하게 질문에 응답하거나, 교회 소식을 전달할 수 있는 등 커뮤니티 관리 및 소통 강화에 유용하게 활용될 수 있습니다.

셋째, 청소년 및 어린이 사역에 이용할 수 있습니다. 청소년 및 어린이 대상 교육 프로그램 개발에 생성형 AI를 활용하여 매력적이고 참여적인 콘텐츠를 제작할 수 있습니다. 예를 들어, 챗GPT는 성경 이야기를 현대적으로 재해석한 교육 자료, 놀이 활동 아이디어, 또는 청소년들과의 대화에서 중요한 주제를 탐색하는 데 도움이 될 수 있습니다. 실제로 출판사에서 작가나 편집자들이 생성형 AI를 활용해 도서 제작과 편집, 이미지 제작에 효과적으로 사용하고 있습니다.

넷째, 예배 계획 수립이나 음악 선정에 챗GPT를 활용할 수 있습니다. 챗GPT는 아이디어 제안에 뛰어난 역량을 가지고 있습니다. 따라서 특정 주제나 계절에 맞는 찬송가 추천, 예배 순서에 대한 아이디어, 또는 특별 행사를 위한 창의적인 예배 아이디어를 제공받을 수 있습니다.

다섯째, 텍스트 생성형 AI인 챗GPT뿐 아니라, 이미지 생성형 AI인 '달리DALL-E'나 '미드저니Midjourney'는 다양한 분야에 유용하게 사용될 수 있습니다. 예배 시간에 사용할 시각적 자료나 배경 이미지를 생성합니다. 교회 행사, 프로그램, 워크숍 등을 홍보하기 위한 맞춤형 포스터, 전단지, 소셜 미디어 게시물 이미지를 만듭니다. 또 어린이 교육 프로그램에 사용할 창의적이고 매력적인 이미지를 제작합니다. 예를 들어, 성경 이야기를 현대적으로 재해석한 이미지나 캐릭터를 만들 수 있습니다. 이러한 방법으로 이미지 생성형 AI를 활용하면 교회의 다양한 사역과 활동을 지원하고, 커뮤니티의 참여를 높이는 데 도움이 될 수 있습니다.

이제 우리 사회의 주류로 등장한 MZ 및 청장년 세대는 생성형 AI를 일상 혹은 일터에서 많이 사용하고 있습니다. 그러므로 교회도 이런 트렌드에 발맞추어 생성형 AI를 적극 활용하는 것이 바람직합니다. 수용할 부분은 적극적으로 수용해 복음 전도에 활용하고, 우려되는 부분은 올바른 방향으로 나갈 수 있도록 대안을 제시해야 할 것입니다.

생성형 AI 기술의 활용을 위해서는 단계적인 접근이 필요합니다. 위에 언급한 다섯 영역 중 한두 가지를 먼저 시도해 보는 것이 바람직합니다. 초기에는 소규모 팀을 구성하여 생성형 AI의 가능성을 탐색하고, 이후 점차적으로 교회의 여러 영역에 확대 적용하는 것이 바람직합니다. 이러한 개혁적 시도가 성공하기 위해서는, 목회자를 포함한 교회 리더십이 생성형 AI의 가치와 임팩트를 이해하고, 교회의 다양한 영역에 효과적으로 적용할 수 있도록 강력히 지원해야 합니다.

하버드 비즈니스 스쿨의 '카림 락하니Karim Lakhani' 교수가 2023년 8월에 언급한 "AI가 당신을 대체하는 것이 아니라, AI를 잘 사용하는 사람이 당신을 대체할 것이다"라는 말이 현실로 다가오고 있습니다. 개인뿐 아니라, 교회를 포함한 모든 조직에도 공히 해당되는 말입니다. 하나님이 주신 훌륭한 기술을 전향적이고 지혜롭게 사용하여, 하나님 나라 확장에 도움이 되기를 바랍니다.

에필로그

　　　　　　단상을 쓰다 보니 일 년이 훌쩍 지나갔습니다. 과거에 기술과 비즈니스에 관한 책을 출간한 적이 있습니다. 그런데 막상 신앙에 관련된 글을 쓴다고 생각하니, 처음에는 낯선 옷을 입은 듯 어색했습니다. 하지만 시간이 흐르고, 지난날에 메모를 참고해 단상을 써 내려가면서 점차 마음이 편해졌습니다.

　단상을 쓰는 과정에서, 신앙의 대선배들이 남기신 주옥같은 글과 설교들을 접하게 되어 참 즐거웠습니다. 그들의 글과 말에서 발견한 영성과 지혜는, 나의 신앙을 깊이 성찰해 보는 특별한 순간들을 선사했습니다.

　「일상에서 만난 신앙」은 일상의 소소한 생각 및 사건들과, 그들과 관련된 신앙의 교차점을 발견하는 여정이었습니다. 이러한 발견이 종착역이 아니라, 오히려 신앙과 생각이 더욱 단단해지는 과정이었음을 알았습니다. 예를 들어, 영화 〈밀양〉에서 한 살인자가 자기는 구원받았으므로 이제 피해자에게도 떳떳하다는 듯 말하는 장면이 생각의 씨앗이 되어, 달라스 윌라드의 '죄 관리의 복음'이라는 주제로 연결되었습니다. 그리고 죄를 짓지 않는 데만 초점을 맞춘 '죄 관리의 복음'을 넘어선 진정한 복음이 무엇인가를 생각하게 되었습니다.

글을 마치고 보니 내용과 전달 면에서 아쉬운 점이 많음을 느낍니다. 다만 이 단상집이 평범한 일상 속에서 멀게만 느껴졌던 신앙을 좀 더 가까이 다가오도록 손짓하는 촉매제가 되기를 바랍니다.

마지막으로, 하나님이 정말 존재한다면 만나기를 원하는 분들에게, 이 단상집이 하나님의 실루엣이라도 엿볼 수 있는 중개자가 되기를 소망합니다.

일상에서 만난 신앙
ⓒ 이호수

1판 1쇄 인쇄 2024년 7월 25일
1판 1쇄 발행 2024년 8월 1일

지은이　　이호수
발행인　　조애신
책임편집　이소연
디자인　　임은미
마케팅　　전필영, 권희정
경영지원　전두표

발행처　　도서출판 토기장이
주소　　　서울시 마포구 동교로 71-1 2F
출판등록　1998년 5월 29일 제1998-000070호
전화　　　02-3143-0400
팩스　　　0505-300-0646
이메일　　tletter77@naver.com
인스타그램　togijangi_books_

ISBN　　978-89-7782-526-0

• 이 책은 저작권 법에 따라 보호를 받는 저작물이므로 무단 전재와 무단 복제를 금합니다.
• 이 책의 전부 또는 일부를 이용하려면 반드시 저자와 도서출판 토기장이의 동의를 받아야 합니다.

도서출판 **토기장이**는 생명 있는 책만 만듭니다.
"우리는 진흙이요 주는 토기장이시니 우리는 다 주의 손으로 지으신 것이니이다" (이사야 64:8)